GUILLAUME APOLLINAIRE

Poèmes à Lou

PRÉCÉDÉ DE
Il y a

PRÉFACE DE
MICHEL DÉCAUDIN

GALLIMARD

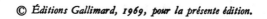

Préface

Rien n'est indifférent de ce que nous a laissé Apollinaire. Ni les ébauches qui nous ramènent au seuil de la rêverie et à la naissance de l'œuvre, ni les pièces de circonstance et les lettres en vers pour lesquelles il a toujours eu un faible, ni même les poèmes qu'il n'a pas repris dans ses grands recueils, après les avoir publiés dans des revues.

C'est pourquoi un ensemble comme Il y a, *fait de morceaux retrouvés et arbitrairement réunis après la mort du poète, présente un intérêt certain.*

Avec ses quelques ensembles dominants, poèmes à Linda, suite fantaisiste parue dans Vers et prose, *série de 1917, comme avec les souvenirs de Stavelot et d'Allemagne qui le traversent, il apporte une image kaléidoscopique de la poésie d'Apollinaire. Ici, c'est la première ébauche d'un roman du mal-aimé, souvent balbutiante, pleine de réminiscences, éclatant aussi en vers qui ne seront pas oubliés et fixant déjà l'attitude du poète dans l'humilité amoureuse et la révolte de fierté ; ailleurs, c'est son sourire, l'enjouement qui masque la tristesse, le souvenir d'Annie, le visage du douanier Rousseau, la présence de la guerre... Voilà un Apollinaire qui hausse le ton avec* Per te præsentit aruspex, L'enfer, Épithalame, L'ignorance ; *un Apollinaire qui délivre les visions d'*Onirocritique *chères aux surréalistes ; un Apollinaire qui désamorce les mots — ciné, cinéma, cinématographe ? — et dépouille la poésie pour la douer d'une magie nouvelle :*

Il est entré
Il s'est assis
Il ne regarde pas le pyrogène à cheveux rouges
L'allumette flambe
Il est parti.

*Il y a a été composé en 1925 par Jean Royère, qui réunit,
sous un titre qu'il avait emprunté à une pièce de* Calli-
grammes, *divers textes retrouvés d'Apollinaire, poèmes
et proses.*

Seuls les poèmes figurent ici.

Certains étaient à l'époque inédits.

*C'est ainsi que la composition qui ouvre le volume pro-
vient d'un album sur lequel crayonnait, non sans talent,
le jeune Wilhelm de Kostrowitzky lorsqu'il avait quinze ans.
S'il ne s'agit pas à proprement parler d'un calligramme
avant la lettre, on y décèlera du moins un curieux et juvénile
effort pour réaliser l'alliance du mot et de l'image.*

Gratitude — *ce titre étant probablement de Jean Royère
— est un billet envoyé par Apollinaire à son avocat José
Théry le 21 janvier 1912, deux jours après le non-lieu
rendu dans l'affaire des statuettes volées au musée du Louvre
par Géry Pieret, laquelle avait valu au poète une accusation de
recel et un emprisonnement préventif d'une semaine à la Santé.*

Quant aux Dicts d'amour à Linda, *Jean Royère les
tenait de celle à qui ils avaient été adressés en 1901, Linda
Molina da Silva, sœur d'un ami d'Apollinaire. Celui-ci
s'était épris de la brune jeune fille, qui avait alors seize ans,
mais il n'avait pas réussi à troubler son indifférence. Ces
poèmes, tous envoyés, sauf Adieux, sur des cartes postales,
constituent comme le journal épistolaire d'un amour mal
partagé.* Aquarelliste, *dédié à la jeune sœur de Linda,
Yvonne, a la même origine.*

Considérons aussi comme des inédits trois poèmes qui venaient de paraître dans des revues : La cueillette *dans* Images de Paris *(septembre-octobre 1924) par les soins, justement, de Jean Royère;* Épithalame *et* L'ignorance *dans* Littérature *(juin 1924) d'après un manuscrit communiqué par Albert Savinio.*

A côté de ces inédits, d'autres poèmes, les plus nombreux, ont été repris dans les revues où Apollinaire les avait publiés. En voici la liste :

Dans La Grande France : Ville et cœur *et* Épousailles *(ce poème également destiné à Linda) en septembre 1901;* Élégie *du voyageur aux pieds blessés en mai 1902.*

Dans La Phalange : Onirocritique *en février 1908.*

Dans Les Marges : Trois poèmes de Louise Lalanne *en mai 1909. On sait à quelle supercherie Apollinaire se livrait alors dans la revue d'Eugène Montfort. Il avait inventé le personnage imaginaire de la poétesse Louise Lalanne, auquel lecteurs et critiques crurent pendant plusieurs mois. Des trois poèmes attribués à ce fantomatique bas-bleu, deux étaient de Marie Laurencin — ce qui doublait en quelque sorte la mystification. Royère l'ignorait et les publia tous trois en 1925 comme étant d'Apollinaire. Les éditions récentes n'ont conservé que celui qui lui appartient.*

Dans Les Soirées de Paris : Per te præsentit aruspex *en février 1912;* L'enfer *en mai 1912;* Souvenir du douanier *en avril 1914;* 1904 *et* L'anguille *en mai 1914.*

Dans Vers et prose, *numéro d'octobre-décembre 1913 consacré à la poésie fantaisiste :* Dans le jardin d'Anna, Ispahan, Rolandseck, La Grenouillère, Montparnasse, Hyde Park.

Dans SIC : Un poème *en février 1917;* Le pont *en avril 1917;* Pablo Picasso *en mai 1917.*

Dans Nord-Sud : Avant le cinéma *et* Fusée-signal *en avril 1917;* Allons plus vite *en mai 1917;* Sanglots *et* Bleuet *en juin-juillet 1917;* A Luigi Amaro *et* Fagnes de Wallonie *en août 1917.*

*Le choix d'*Il y a *a été établi sans rigueur ni méthode. Jean Royère avait accueilli Apollinaire à sa revue* La Phalange. *On ne voit pas pourquoi il n'a pas retenu un poème qui y avait paru en mars 1908,* Le chemin qui mène aux étoiles..., *alors qu'il donne* Onirocritique, *publié dans le numéro précédent, sans d'ailleurs tenir compte du fait que ce poème en prose est devenu en 1909 le dernier chapitre de* L'Enchanteur pourrissant.

D'autre part, la répartition des poèmes a été conçue selon un ordre d'apparence chronologique, mais en réalité chargé de confusion, car il se réfère tantôt à la date de composition, dans le cas des inédits, tantôt à celle de la publication, quand il s'agit de poèmes retrouvés dans des revues.

Ce procédé a évidemment l'avantage de ne pas dissocier des groupes voulus par Apollinaire, comme la suite formée pour le numéro « fantaisiste » de Vers et prose. *En revanche, il sépare des poèmes issus d'un même mouvement créateur, pour des raisons qui ne relèvent que d'accidents de publication.*

Il ne faut pas lire Il y a *comme on lit les deux recueils majeurs d'Apollinaire. On n'y trouvera rien qui réponde au subtil envoûtement d'*Alcools *ou à la grande aventure humaine et esthétique de* Calligrammes. *Mais ce livre a le charme acide des fruits un peu verts, il exerce par le jeu de ses dissonances discrètes et de ses échos atténués une insidieuse séduction, il suscite une impression mélangée d'insolite dans le déjà vu.*

Francis Poulenc, qui a emprunté à Il y a *la matière*

de quelques-unes des plus réussies parmi ses mélodies, ne s'y était pas trompé. Il en avait bien défini le caractère lorsqu'il jugeait l'ouvrage « moins parfait mais plus aigu qu'Alcools » et nous pouvons dire avec lui, en pensant aux meilleurs poèmes qui y sont réunis : « C'est dans ce recueil qu'on trouve l'Apollinaire le plus audacieux et le plus baroque. »

★

En septembre 1914, Apollinaire est à Nice, où il a suivi son ami Siégler-Pascal. S'il n'a pas renoncé à s'engager, comme il en avait manifesté l'intention dès les premiers jours de la guerre, il se laisse séduire par la vie oisive de la Côte d'Azur et la société d'amis, anciens et nouveaux, qu'il y rencontre.

Il a notamment fait la connaissance d'une jeune femme dont la personnalité l'a sur-le-champ fasciné. C'est Louise de Coligny-Châtillon, qu'André Rouveyre a décrite « spirituelle, dégagée, frivole, impétueuse, puérile, sensible, insaisissable, énervée, un peu éperdue en quelque sorte ». Sa naissance, son élégance lui en imposent, comme l'intrigue sa conduite : « mutine et langoureuse à la fois », avec ses « grands et beaux yeux de biche », ne semble-t-elle pas lui offrir son mystère ?

A ses avances, elle répond par un jeu ambigu d'acceptations, voire de provocations, et de dérobades subites qu'il ne s'explique pas, entretenant entre eux une complicité troublante.

Son attente s'exaspère jusqu'au jour où, après une rebuffade qu'il croit définitive, il reprend les démarches en vue de son engagement et reçoit une affectation pour le 38e régiment d'artillerie de campagne à Nîmes, qu'il rejoint le 6 décembre.

13

Elle va l'y retrouver dès le lendemain : bravade de femme qui voit lui échapper celui qu'elle croyait soumis ? attrait d'une aventure sans précédent ? attachement sincère pour un homme dont elle a éprouvé l'amour ? Pendant huit jours il connaît auprès d'elle une passion déchaînée, d'un érotisme raffiné et violent, et se met aisément à l'unisson d'une compagne difficilement satisfaite, qu'il s'imagine avoir réduite à son pouvoir. Il ne la revoit que deux fois, au cours de brèves permissions à Nice le 1er et le 24 janvier.

Il voudrait que Lou vienne s'installer auprès de lui à Nîmes, mais se heurte à ses atermoiements répétés, trop attachée qu'elle est à l'existence facile qu'elle mène à Nice, et aussi retenue par une autre liaison : une liaison qu'elle n'a pas cachée à Apollinaire, avec celui qui, dans les lettres et dans les poèmes, est appelé Toutou. Et ce n'est pas l'aspect le moins étrange de cet étrange amour que l'apparente allégresse avec laquelle notre ombrageux poète, au tempérament si inquiet et jaloux, semble accepter pareille situation.

Pendant deux mois, il vit sur l'espoir, toujours déçu, de l'arrivée de sa maîtresse, puis il perd peu à peu ses illusions. Une dernière entrevue à Marseille le 28 mars ne lui en laisse plus aucune. Rien, désormais, ne le retient à Nîmes et il part volontaire pour le front, le 4 avril.

Cependant, la rupture n'est pas totale entre eux. Ils se sont promis à Marseille une entière sincérité, qui entretiendra leur intimité par-delà l'amour.

S'agit-il, pour cette collectionneuse de « fleurs rares » qui se jette à corps perdu dans toutes les expériences, d'autre chose qu'un jeu ? Elle s'y était laissé prendre, sans doute, plus qu'à d'autres parties, mais ne s'y est pas engagée entièrement. Plus détachée encore après l'ultime explication, elle put s'amuser de vivre quelque temps au 202, boulevard Saint-Germain, que lui avait prêté Apolli-

naire, ou d'alimenter la curiosité de son correspondant par ses confidences; mais celles-ci même furent peu abondantes, car elle ne mit pas grande ardeur à poursuivre l'entretien épistolaire dont ils avaient convenu.

Pour Apollinaire, au contraire, l'affaire fut sérieuse. Il n'éprouva pas seulement une attirance qu'il pensait n'avoir jamais connue pour une partenaire qui lui semblait de feu et prête à toutes les audaces; il s'est également senti exalté dans son orgueil et sa puissance devant cette indomptable au sang bleu qu'il se flattait d'avoir vaincue. On peut avancer que, dans les prestiges d'un tel amour, qu'augmentait encore sa condition de soldat, toutes ses facultés lui apparurent comme infiniment multipliées.

A-t-il voulu continuer de croire à un amour qu'il savait désormais impossible et en sauvegarder au moins l'ombre, selon sa propre formule ? A-t-il espéré que quelque chose des semaines éclatantes qu'il venait de vivre subsisterait dans le libertinage cérébral qu'il attendait de la poursuite de leur correspondance ? Il écrit en tout cas à Lou presque chaque jour jusqu'au début de juin 1915, un peu moins souvent ensuite, sans qu'on puisse affirmer que ce ralentissement soit dû aux relations, épistolaires elles aussi, nouées avec une jeune fille qui, le 10 août, deviendra officiellement sa fiancée, Madeleine Pagès. Sa dernière lettre à Lou, qui fait suite à un silence d'un mois, est du 18 janvier 1916.

On a groupé d'abord en 1947 sous le titre d'Ombre de mon amour (qu'Apollinaire avait eu l'intention de donner à des lettres spécialement adressées à Lou en vue de leur publication ultérieure), puis sous celui de Poèmes à Lou, tous les vers que contient cette correspondance. Le premier morceau date du 8 octobre 1914, le dernier de la fin de septembre 1915. Ils ne présentent pas un caractère homogène. Les numéros II et III sont des dédicaces portées respec-

tivement sur des exemplaires de L'Hérésiarque et Cie
*et d'*Alcools. *Certains poèmes, comme* Le servant de
Dakar *ou la série* Les feux du bivouac, Tourbillon
de mouches *et* L'adieu du cavalier, *demeurent, même
lorsqu'ils y sont incorporés, indépendants des lettres dans
lesquelles ils ont été envoyés. Ils avaient été reproduits
dans* Ombre de mon amour; *mais, comme ils ont été repris
dans* Calligrammes *par Apollinaire, nous ne les avons pas
fait figurer dans cette édition. D'autres, plus nombreux,
constituent des lettres entières : ainsi XII, XIII, XIV,
XVI, XVII, XVIII, etc. Il y a enfin, et c'est le cas le
plus fréquent, des passages de lettres, où Apollinaire a
abandonné la prose pour les vers (à moins qu'inversement
une lettre commencée en vers se poursuive en prose) ; on
comprend que ces passages ne se présentent que rarement
comme des poèmes autonomes et souffrent quelque peu d'être
isolés de leur contexte. On y pensera en lisant par exemple
les quatre vers de XIX ou les six de XXV.*

*La première édition contenait même un cantique qui,
simplement transcrit par Apollinaire, lui avait été attribué :
c'est le numéro XLIX, qui, naturellement, n'est pas repro-
duit ici.*

*Apollinaire avait conscience de la valeur des poèmes
qu'il avait envoyés à Lou. Le 24 juin 1915, à une date où
ils étaient pour la plupart déjà écrits, il confiait dans une
lettre à Louise Faure-Favier :*

Mes meilleurs poèmes et il y en a je crois de bons
vous ne les lirez que si celle qui les a veut bien, après
la guerre, que je les publie.

*Il ne les aurait vraisemblablement pas livrés au public
sous la forme que nous leur connaissons aujourd'hui. Il
aurait à coup sûr écarté ceux qui, totalement ou en partie,*

16

avaient pris place dans Calligrammes. *Il aurait sans doute aussi opéré un choix parmi les extraits de lettres versifiés et renoncé à des pièces trop faciles ou d'un caractère trop personnel comme les* Fables.

Mais à quoi bon essayer d'imaginer ce qui n'est pas ? Nous ne saurons jamais comment il aurait composé ses Poèmes à Lou, *ni même s'il aurait un jour composé un tel ouvrage.*

Celui que nous possédons depuis 1947 a un immense mérite : c'est de saisir Apollinaire dans sa spontanéité et sa diversité d'homme et de poète, à un moment privilégié de son existence.

On y voit sa verve d'épistolier, une verve qui réconcilie la poésie avec la narration et la vie quotidienne, s'épanouir en une allègre assurance, qui n'est rien moins que facilité. Il était fier de cet aspect original de son œuvre, qui le fait écrire à Lou le 1ᵉʳ février 1915 à propos d'un vers qu'il veut corriger dans un poème d'ailleurs perdu :

Comme c'est un vers régulier, que je consacre les vers réguliers à la correspondance et que je les écris au courant de la plume comme s'il s'agissait de prose je suis très jaloux qu'il n'y ait aucune faute de versification.

Il est cependant loin de se confiner dans le vers régulier. Il se forge un instrument d'une étonnante malléabilité, à mi-chemin entre la prose et le vers, une période qui se développe par larges ondes comme dans L'amour le dédain et l'espérance *ou s'étale en une succession d'images à la manière des* Il y a *de* Calligrammes.

Jouant de tous les registres, depuis les mètres traditionnels jusqu'au poème figuré, jamais Apollinaire n'a montré dans son expression une telle audace et une telle invention.

Ni dans son inspiration.
Amant persuadé que

Le vice n'entre pas dans les amours sublimes

il chante la joie et la douleur des corps sans oublier que « le corps ne va pas sans l'âme », à la fois rêvant d'un inaccessible absolu et acceptant les partages les plus dérisoires.

Soldat vivant au jour le jour les misères des premières lignes, il a le courage de contempler l'insolite beauté que suscite la guerre, et de la dire.

Mais dans la magnificence de l'amour comme dans l'émerveillement qu'il ressent, artilleur, sur la ligne de feu, il reste, proche de nous, l'homme qui sait sa faiblesse et le prix de l'attente :

Je donne à mon espoir tout l'avenir qui tremble comme une petite lueur au loin dans la forêt.

Michel Décaudin.

ILYA

La cueillette

Nous vînmes au jardin fleuri pour la cueillette.
Belle, sais-tu combien de fleurs, de roses-thé,
Roses pâles d'amour qui couronnent ta tête,
      S'effeuillent chaque été?

Leurs tiges vont plier au grand vent qui s'élève.
Des pétales de rose ont chu dans le chemin.
O Belle, cueille-les, puisque nos fleurs de rêve
      Se faneront demain!

Mets-les dans une coupe et toutes portes closes,
Alanguis et cruels, songeant aux jours défunts,
Nous verrons l'agonie amoureuse des roses
      Aux râles de parfums.

Le grand jardin est défleuri, mon égoïste,
Les papillons de jour vers d'autres fleurs ont fui,
Et seuls dorénavant viendront au jardin triste
      Les papillons de nuit.

Et les fleurs vont mourir dans la chambre profane.
Nos roses tour à tour effeuillent leur douleur.
Belle, sanglote un peu... Chaque fleur qui se fane,
      C'est un amour qui meurt!

Aquarelliste

A Mademoiselle Yvonne M...

Yvonne sérieuse au visage pâlot
A pris du papier blanc et des couleurs à l'eau
Puis rempli ses godets d'eau claire à la cuisine.
Yvonnette aujourd'hui veut peindre. Elle imagine
De quoi serait capable un peintre de sept ans.
Fera-t-elle un portrait? Il faudrait trop de temps
Et puis la ressemblance est un point difficile
A saisir, il vaut mieux peindre de l'immobile
Et parmi l'immobile inclus dans sa raison
Yvonnette a fait choix d'une belle maison
Et la peint toute une heure en enfant douce et sage.
Derrière la maison s'étend un paysage
Paisible comme un front pensif d'enfant heureux,
Un paysage vert avec des monts ocreux.
Or plus haut que le toit d'un rouge de blessure
Monte un ciel de cinabre où nul jour ne s'azure.
Quand j'étais tout petit aux cheveux longs rêvant,
Quand je stellais le ciel de mes ballons d'enfant,
Je peignais comme toi, ma mignonne Yvonnette,
Des paysages verts avec la maisonnette,
Mais au lieu d'un ciel triste et jamais azuré
J'ai peint toujours le ciel très bleu comme le vrai.

Les dicts d'amour à Linda

Votre nom très païen, un peu prétentieux,
Parce que c'est le vôtre en est délicieux;
Il veut dire « jolie » en espagnol, et comme
Vous l'êtes, on dit vrai chaque fois qu'on vous nomme.

Ce nom devient mélancolique en allemand,
Aux brises de l'Avril, il bruisse doucement,
C'est le tilleul lyrique, un arbre de légende,
D'où, chaque nuit, des lutins fous sortent en bande.

Enfin, ce rare nom qui dit votre beauté,
Ce fut aussi le nom d'une antique cité
Qui florissait jadis parmi les roses belles
Dans Rhodes, l'île où roucoulent les colombelles.

L ’ombre de la très douce est évoquée ici,
I ndolente, et jouant un air dolent aussi :
N octurne et lied mineur qui fait pâmer son âme
D ans l’ombre où ses longs doigts font mourir une
    gamme
A u piano qui geint comme une pauvre femme.

Ville presque morte, ô Cité
Qui languis au soleil d'été,
Toi dont le nom putride étonne,
Tu symbolises la très Bonne,

La très Douce, sans vanité,
Qui n'a jamais compris personne,
La toujours Belle qui se tait,
L'Adorable que je couronne,

La toute Ombreuse dolemment
Comme une ville ombreuse et coite,
La toute Brune jamais droite,

Toujours penchée exquisement.
J'ai vu ses lèvres d'anémone
Mais point son Cœur, à la très Bonne.

Je n'ai jamais vu Carcassonne.

La force du miroir

J'étais, indigne, un jour, en la chambre au lit blanc
Où Linda dans la glace admirait sa figure
Et j'emportai, grâce au miroir, en m'en allant,
La première raison de devenir parjure.

Linda fut non pareille avant, mais aujourd'hui
Ja sais bien qu'elle est double au moins, grâce à la glace;
Mon cœur par la raison où son amour l'induit
Est parjure à présent pour la seconde face.

Or, depuis ce jour-là, j'ai souvent comparé
Dans la chambre où la glace accepte un pur mirage,
La face de Linda, le visage miré,
Mais mon cœur pour élire a manqué de courage.

Si, parjure toujours, pour choisir j'ai douté,
Ce n'est pas qu'au miroir la dame soit plus belle;
Je l'adore pourtant d'être en réalité
Et parce qu'elle meurt quand veut sa sœur formelle.

J'adore de Linda ce spécieux reflet
Qui la simule toute et presque fabuleuse,
Mais vivante vraiment, moderne comme elle est :
La dame du miroir est si miraculeuse!

Et la glace où se fige un réel mouvement
Reste froide malgré son détestable ouvrage.
La force du miroir trompa plus d'un amant
Qui crut aimer sa belle et n'aima qu'un mirage.

Le trésor

Jadis, jadis vivait m'amie
Une princesse aux cheveux d'or,
En quel pays ? Ne le sais mie.
Jadis, jadis vivait m'amie
La fée Yra, son ennemie,
Qui changea la belle en trésor.
Jadis, jadis vivait m'amie
Une princesse aux cheveux d'or.

En un trésor caché sous terre
La fée, au temps bleu des lilas,
Changea la belle de naguère
En un trésor caché sous terre.
La belle pleurait solitaire :
Elle pleurait sans nul soulas
En un trésor caché sous terre :
C'était au temps bleu des lilas.

De la mousse je suis la fée,
Dit à la princesse une voix,
Une voix très douce, étouffée,
De la mousse je suis la fée,
D'un bleu myosotis coiffée.
Pauvrette ! En quel état vous vois !

De la mousse je suis la fée,
Dit à la princesse une voix.

Par un homme jeune et fidèle
Seront sauvés vos yeux taris,
Dit cette fée à voix d'oiselle,
Par un homme jeune et fidèle
Qui vous désirera, ma belle,
Et pour l'or n'aura que mépris,
Par un homme jeune et fidèle
Seront sauvés vos yeux taris.

Cent ans attendit la princesse.
Un jour quelqu'un passa par là,
Chevalier de haute prouesse,
— Cent ans l'attendit la princesse —
Brave, invaincu, mais sans richesse,
Qui prit tout l'or et s'en alla.
Cent ans attendit la princesse.
Un jour quelqu'un passa par là.

La pauvre princesse invisible
Fut mise en la bourse de cuir;
La pauvre princesse sensible,
Adorable, mais invisible.
Un brigand tua l'invincible,
Prit la bourse et se mit à fuir.
La pauvre princesse invisible
Pleurait dans la bourse de cuir.

Elle pleurait d'être en servage
Et de ne pas pouvoir crier.
Le grand vent du Nord faisait rage
— Elle pleurait d'être en servage —
Mais un homme vit le carnage,
Vint et tua le meurtrier.
Elle pleurait d'être en servage
Et de ne pas pouvoir crier.

Le sauveur, un pauvre poète,
Dit : « Onc homme tel trésor eut;
Mais j'en fais fi! Je suis très bête,
Un sauveur, un pauvre poète!
J'aimerais mieux une fillette. »
Alors la princesse apparut.
Le sauveur, un pauvre poète,
Dit : « Onc homme tel trésor eut! »

Et voilà l'histoire, m'amie,
De la princesse aux cheveux d'or.
Quel est son nom? Ne le sais mie.
Et voilà l'histoire, m'amie,
De celle que son ennemie
Changea jadis en un trésor.
Et voilà l'histoire, m'amie,
De la Princesse aux cheveux d'or.

Je vis un soir la zézayante
Et presque jamais souriante
Et renversée, un soir, hiante,
Pour quel ennui ? Vers quel soulas ?
S'ennuyait-elle d'une gemme,
D'une fleur bleue ou de l'angemme
Ou plaça-t-elle ceci : « J'aime! »
Trop au hasard des tombolas!
Et dans le soir qui tout nous souille
le fauteuil qui d'ombre se brouille
Avait des formes de grenouille
Près du lit, tel un tombeau bas.
Ainsi bayèrent par le monde
Viviane auprès de l'immonde
Et dans son palais Rosemonde
Qui fut moins belle que Linda.
Et moi qui tiens en ma cervelle
La vérité plus que nouvelle
Et que, plaise à Dieu, je révèle
De l'enchanteur qui la farda
Du sens des énigmes sereines,
Moi, qui sais des lais pour les reines
Et des chansons pour les sirènes,
Ce bayement long m'éluda.

Car au cœur proche et que je craigne
Ce cœur que l'ennui tendre étreigne.
Au cœur l'ennui c'est l'interrègne
A ne pas être l'interroi.
Ses mains alors s'épanouirent
Comme des fleurs de soir et luirent,
Ses yeux dont soudain s'éblouirent
Les dormantes glaces d'effroi
De voir bayer leur sombre dame,
Princesse ou fée ou simple femme
Ayant avec la mort dans l'âme
La grenouille pour tout arroi.

Lorsque vous partirez, je ne vous dirai rien,
Mais après tout l'été, quand reviendra l'automne,
Si vous n'êtes pas là, zézayante, ô Madone,
J'irai gémir à votre porte comme un chien.
Lorsque vous partirez, je ne vous dirai rien.

Et tout me parlera de vous pendant l'absence :
Des joyaux vus chez les orfèvres transmueront
Leurs gemmes en mauvais prestiges qui seront
Vos ongles et vos dents comme en réminiscence
Et tout me parlera de vous pendant l'absence.

Et, chaque nuit sans lune attestant vos cheveux,
Je verrai votre ennui dans chaque nuit lunaire;
Mais puisque vous partez l'on me soit débonnaire
Et fixe mon étoile et l'astre que je veux
Dans chaque nuit sans lune attestant vos cheveux.

Quand l'automne viendra, le bruit des feuilles sèches
Sera de votre robe un peu le bruissement.
Pour moi, vous sentant proche, en un pressentiment,
La feuille chue aura le parfum des fleurs fraîches,
Quand l'automne viendra hanté de feuilles sèches.

Madone au Nonchaloir, lorsque vous partirez,
Tout parlera de vous, même la feuille morte,
Sauf vous qui femme et mobile comme la porte
Avant le premier soir de danse m'oublierez,
Madone au Nonchaloir, lorsque vous partirez.

Tierce rime pour votre âme

Votre âme est une enfant que je voudrais bercer
En mes bras trop humains pour porter ce fantôme,
Ce fantôme d'enfant qui pourrait me lasser,

Et je veux vous conter comme un bon Chrysostome
La beauté de votre âme aperçue à demi
Autant qu'on peut voir une monade, un atome.

Votre âme est dans la paix comme cloître endormi.
Des larrons useront de plus d'un stratagème
Pour ouvrir le portail qui forclôt l'ennemi.

Et l'un venant de droite avec la claire gemme
L'offrira de dehors à votre âme en dedans;
Un autre, le sinistre, alors s'écriera : « J'aime!

« J'aime la paix des soirs qui sont des occidents,
« Dans un cloître aux échos longs comme ma
    mémoire. »
Et contre le heurtoir il brisera ses dents.

Votre âme est un parfum subtil dans une armoire,
Votre âme est un baiser que je n'aurai jamais,
Votre âme est un lac bleu que nul autan ne moire;

Et l'on dérobera le parfum que j'aimais,
On prendra ce baiser dans un baiser trop tendre,
On boira dans ce lac où l'eau, je le promets,

Sera douce et très fraîche à qui saura s'étendre
Au bord du lac et boire comme une fleur d'eau,
Etre au lac de votre âme, homme fleur, ô l'anthandre!

Votre âme est une infante à qui c'est un fardeau
Que porter le brocart de sa robe et sa traîne.
L'infante aux yeux ouverts qui veut faire dodo.

Votre âme est une infante à l'ombre souveraine
Des cyprès à l'instant où les rois vont passer,
Votre âme est une infante et qui deviendra reine,

Votre âme est une enfant que je voudrais bercer.

Adieux

Lorsque grâce aux printemps vous ne serez plus belle,
Vieillotte grasse ou maigre avec des yeux méchants,
Mère gigogne grave en qui rien ne rappelle
La fille aux traits d'infante immortelle en mes chants,

Il reviendra parfois dans votre âme quiète
Un souvenir de moi différent d'aujourd'hui
Car le temps glorieux donne aux plus laids poètes
La beauté qu'ils cherchaient cependant que par lui.

Les femmes voient s'éteindre en leurs regards la
  flamme;
Sur leur tempe il étend sa douce patte d'oie.
Les fards cachent les ans que n'avouent pas les femmes
Mais leur ventre honteux les fait montrer au doigt.

Et vous aurez alors des pensers ridicules.
— C'est en dix neuf cent un qu'un poète m'aima.
Seule je me souviens, moi, vieille qui spécule,
De sa laideur au taciturne qui m'aima.

Je suis laid, par hasard, à cette heure et vous, belle,
Vous attendez le ravisseur longtemps promis

Qui déploie comme un mirage du mont Gibel
Le bonheur d'être deux toujours et endormis.

Très humbles devant vous pleureront des Ricombres
Donnant l'anneau gemmal pour l'éternel baiser
Et des pauvres fameux pour vous vendraient l ur
    ombre
Puis, loin de vous, pensifs, mourraient d'un cœur brisé.

*

Il en viendra beaucoup des trouveurs d'aventure,
En galop tout poudreux, des roses plein les mains,
Mais l'un, un soir, dénouera votre chevelure
Et vous crierez : C'est toi!... C'est toi jusqu'à demain.

Car l'endemain viendront des chevaucheurs encore
Moustachus et câlins ou brutaux à souhait
Qui, joie! seront vainqueurs, Ma Joie! vainqueurs
    encore
Par la caresse lente ou même à coups de fouet.

Et peut-être sera-ce alors temps de tristesse,
Quand vos ongles tachés de blanc déchireront
Votre chair; quand le cœur trop plein de « Quand
    était-ce »
Vous pleurerez fronçant les plis de votre front.

Intercalées dans l'an viendront les journées veuves,
Les vendredis sanglants et lents d'enterrements,

Des blancs et de tout noirs vaincus des cieux qui
    pleuvent
Quand la femme du diable a battu son amant.

Cependant, grâce à vous, merci! ma dessilleuse!
J'ai bien compris que seuls pouvaient vivre en
    m'aimant
Dans l'ombre originelle où mon repos se creuse
Les bons vers immortels qui s'ennuient patiemment.

Et pourtant c'est bien vrai, je n'eus aucun désir
Sinon téter la lune, ô nuit au seul tétin
Et creuser à jamais mon logique Nazir
Malgré l'amour terrestre aux baisers florentins.

Non, je ne veux aucun de ces cœurs que l'on donne,
Ni de l'aumône humaine exquise aux cœurs ingrats,
Ni du pieux soulas des grâces des madones,
Ni de l'amour humain qui fait trop d'embarras.

Tous les dons sont impurs et les joyaux sont tristes
Et l'amour est maudit pour ce qu'il peut donner,
Il n'y a pas encor de cadeaux anarchistes
Il n'y a que la paix quand finit la journée.

Il y a les yeux bleus des mères inquiètes,
Il y a les grands chiens et les dieux inconnus
Et la rage et le doute et le nom des poètes
Avec l'éternité des marbres toujours vus.

Ici finissent les dicts d'amour de
Guillaume Apollinaire à Linda la Zézayante.

Ville et cœur

La ville sérieuse avec ses girouettes
Sur le chaos figé du toit de ses mai ons
Ressemble au cœur figé, mais divers, du poète
Avec les tournoiements stridents des déraisons.

O ville comme un cœur tu es déraisonnable.
Contre ma paume j'ai senti les battements
De la ville et du cœur : de la ville imprenable
Et de mon cœur surpris de vie, énormément.

Épousailles

A une qui est au bord de l'Océan

L'amour a épousé l'absence, un soir d'été ;
Si bien que mon amour pour votre adolescence
Accompagne à pas lents sa femme, votre absence,
Qui, très douce, le mène et, tranquille, se tait.

Et l'amour qui s'en vint aux bords océaniques,
Où le ciel serait grec si toutes étaient nues,
Y pleure d'être dieu encore et inconnu,
Ce dieu jaloux comme le sont les dieux uniques.

Élégie du voyageur
aux pieds blessés

Marche le gars! Marche en gaîté,
Ce calme jour d'un calme été,
Où, sauf la source, tout se tait.

Va parmi les grandes fougères,
Les myrtilles et les bruyères
Où tant d'abeilles butinèrent.

La source est là comme un œil clos,
Pleurant avec de frais sanglots
la naissance triste de l'eau.

L'eau pure deviendra l'eau sale,
La source enfante et pleure ou râle,
Déplorée par les saules pâles.

Roule de vulgaires pensées,
Vieilles et saines et sensées,
Le gars! ô l'homme aux pieds blessés!

Au bois tu n'as point vu de faunes;
Des nymphes tu n'eus pas l'aumône
D'un iris bleu, d'un iris jaune.

Tu foules les dieux sous tes pas
Au vert bâton que tu coupas
Un dieu meurt — tu ne le sais pas! —

Ah! marche l'homme sans déesses
Ni tutélaires ni traîtresses,
Marche et tue les dieux quand ils naissent.

Tue les dieux nés de nos clairs yeux
Et dans nos âmes; le sang pieux
De tes pieds console les dieux.

Les faunes roux et les satyres
En te voyant feignent de rire
Et troublent l'eau quand tu t'y mires.

Tu marches saluant les croix,
Du bord des routes qui poudroient.
Tout rouges de ton sang et froids,

Les dieux narquois partout se meurent
Et s'émeuvent les enchanteurs,
Les fleurs se fanent, les fées pleurent.

Trois poèmes
de Louise Lalanne

[LE PRÉSENT]

CHANSON

Les myrtilles sont pour la dame
    Qui n'est pas là
La marjolaine est pour mon âme
    Tralala!
Le chèvrefeuille est pour la belle
    Irrésolue.
Quand cueillerons-nous les airelles
    Lanturlu.
Mais laissons pousser sur la tombe,
    O folle! O fou!
Le romarin en touffes sombres
    Laïtou!

[HIER]

Per te præsentit aruspex

O mon très cher amour, toi mon œuvre et que j'aime,
A jamais j'allumai le feu de ton regard,
Je t'aime comme j'aime une belle œuvre d'art,
Une noble statue, un magique poème.

Tu seras, mon aimée, un témoin de moi-même.
Je te crée à jamais pour qu'après mon départ,
Tu transmettes mon nom aux hommes en retard
Toi, la vie et l'amour, ma gloire et mon emblème;

Et je suis soucieux de ta grande beauté
Bien plus que tu ne peux toi-même en être fière :
C'est moi qui l'ai conçue et faite tout entière.

Ainsi, belle œuvre d'art, nos amours ont été
Et seront l'ornement du ciel et de la terre,
O toi, ma créature et ma divinité!

L'enfer

Un homme a traversé le désert sans rien boire
Et parvient une nuit sur les bords de la mer
Il a plus soif encore à voir le flot amer
Cet homme est mon désir, la mer est ta victoire.

Tout habillé de bleu quand il a l'âme noire
Au pied d'une potence un beau masque prend l'air
Comme si de l'amour — ce pendu jaune et vert —
Je voulais que brûlât l'horrible main de gloire.

Le pendu, le beau masque et cet homme altéré
Descendent dans l'enfer que je creuse moi-même
Et l'enfer c'est toujours : « Je voudrais qu'elle m'aime. »

Et n'aurais-je jamais une chose à mon gré
Sinon l'amour, du moins une mort aussi belle.
Dis-moi, le savais-tu, que mon âme est mortelle ?

Épithalame

Il est trop tard, il est trop tard, l'homme a pris ma sœur
Aux mamelles tentantes en la tristor des soirs,
Et je n'ai pu vouloir sous les étoiles habituelles
Écouter les baisers que lui donnait l'Amant.

La chasse, ô sœur, la chasse a corné dans les nuits,
Les corneurs au loin ont fait un vain bruit,
Et la tête mourante a déchiré ton sein
Pour réchauffer le front trahi du morne Saint.

Rêvons! Rêvons, ô sœur! — Tes tresses magni-
fiques! —
As-tu des rêves d'or de femme prolifique?
Et puis ce rêve est nul avec d'autres comas,
Et c'est à toi qu'il dit que jamais tu n'aimas.

O sœur, vierge impudique, qui reviens de là-bas
Ne t'es-tu pas livrée au mage des sabbats?
Le désir de savoir ce que là tu fis nue,
Dis, ce sera pareil, ce conte inconnu,

Pareil à vos amours, livres non encor lus?
La volonté, la volonté, oh! de ce que tu voulais.

Enfant aux seins trop durs, pointes-rubis balais;
O enfant, ô sœur, pourquoi t'es-tu livrée? —

A tes pieds, l'aurore jeta ses fleurs de lauriers-roses;
Et ta fleur, et ton sein, et la nuit, et l'hypnose
M'ont fait mourir un peu, ô Belle au bois dormant!
Attendant le galop du cheval de l'amant.

Or, tu partis en croupe, le Mage te baisa,
Sur les yeux, sur les seins, sur la bouche il osa!
O dis, ô dis, ô sœur, dis-moi ce qu'il n'osa!...
Et te voilà revenue, pantelante, ô ma sœur!
De ce pays de feu où les femmes vont nues,
Où les membres sont noirs aux hommes qui t'aimèrent,
Où de longs corps se pâment au coin des carrefours,
Où l'on tranche la tête au soleil chaque jour
Pour qu'il verse son sang en rayons sur la terre.

L'ignorance

ICARE

Soleil, je suis jeune et c'est à cause de toi,
Mon ombre peut être fauste je l'ai jetée.
Pardon, je ne fais pas plus d'ombre qu'une étoile
Je suis le seul qui pense dans l'immensité.

Mon père m'apprit les détours du labyrinthe
Et la science de la terre et puis mourut
Et depuis j'ai scruté longtemps la vieille crainte
Du ciel mobile et me suis nourri d'herbes crues.

Les oracles, c'est vrai, désapprouvaient ce zèle
Mais nul dieu pour tout dire n'est intervenu
Et pieux j'ai peiné pour achever les ailes
Qu'un peu de cire fixe à mes épaules nues.

Et j'ai pris mon essor vers ta face splendide
Les horizons terrestres se sont étalés
Des déserts de Libye aux palus méotides
Et des sources du Nil aux brumes de Thulé.

Soleil, je viens caresser ta face splendide
Et veux fixer ta flamme unique, aveuglement.
Icare étant céleste et plus divin qu'Alcide
Et son bûcher sera ton éblouissement.

UN PÂTRE

Je vois un dieu oblong flotter sous le soleil,
Puisse le premier dieu visible s'en aller
Et si c'était un dieu mourant cette merveille
Prions qu'il tombe ailleurs que dans notre vallée.

ICARE

Pour éviter la nuit, ta mère incestueuse,
Dieu circulaire et bon je flotte entre les nues
Loin de la terre où vient, stellaire et somptueuse,
La nuit cette inconnue parmi les inconnus.

Et je vivrai par ta chaleur et d'espérance.
Mais, ton amour, soleil, brûle divinement
Mon corps qu'être divin voulut mon ignorance
Et ciel! Humains! je tourne en l'éblouissement.

BATELIERS

Un dieu choit dans la mer, un dieu nu, les mains vides
Au semblant des noyés il ira sur une île
Pourrir face tournée vers le soleil splendide.
Deux ailes feuillolent sous le ciel d'Ionie.

Gratitude

Maître José Théry
Sans vous j'eusse péri,
Vous sauvâtes ma vie :
Je vous en remercie.

En prison, seul et nu,
Je serais devenu
Comme un oisel en cage;
Il y perd son ramage.

Un soir à la Santé
Vous m'avez visité;
Je n'en menais pas large,
Mais sans rien craindre, car je

N'avais pas mal agi :
Alors on m'élargit...
Que mon Merci soit, Maître,
Plus long qu'un kilomètre,

Et plus sonore encor
Que la voix de Stentor;
Qu'il dure et qu'il demeure
Jusqu'au jour où je meure.

Puis, après mon trépas,
Qu'il ne trépasse pas,
Mais soit devant l'Histoire
Un peu de votre gloire.

Dans le jardin d'Anna

Certes si nous avions vécu en l'an dix-sept cent
  soixante

Est-ce bien la date que vous déchiffrez Anna sur ce
  banc de pierre.

Et que par malheur j'eusse été allemand
Mais que par bonheur j'eusse été près de vous
Nous aurions parlé d'amour de façon imprécise
Presque toujours en français
Et pendue éperdument à mon bras
Vous m'auriez écouté vous parler de Pythagoras
En pensant aussi au café qu'on prendrait
Dans une demi-heure

Et l'automne eût été pareil à cet automne
Que l'épine-vinette et les pampres couronnent

Et brusquement parfois j'eusse salué très bas
De nobles dames grasses et langoureuses

J'aurais dégusté lentement et tout seul
Pendant de longues soirées

Le tokay épais ou la malvoisie
J'aurais mis mon habit espagnol
Pour aller sur la route par laquelle
Arrive dans son vieux carrosse
Ma grand-mère qui se refuse à comprendre l'allemand

J'aurais écrit des vers pleins de mythologie
Sur vos seins la vie champêtre et sur les dames
Des alentours

J'aurais souvent cassé ma canne
Sur le dos d'un paysan

J'aurais aimé entendre de la musique en mangeant
Du jambon

J'aurais juré en allemand je vous le jure
Lorsque vous m'auriez surpris embrassant à pleine
  bouche
Cette servante rousse

Vous m'auriez pardonné dans le bois aux myrtilles

J'aurais fredonné un moment
Puis nous aurions écouté longtemps les bruits du
  crépuscule

Ispahan

Pour tes roses
J'aurais fait
Un voyage plus long encore

Ton soleil n'est pas celui
Qui luit
Partout ailleurs
Et tes musiques qui s'accordent avec l'aube
Sont désormais pour moi
La mesure de l'art
D'après leur souvenir
Je jugerai
Mes vers les arts
Plastiques et toi-même
Visage adoré

Ispahan aux musiques du matin
Réveille l'odeur des roses de ses jardins

J'ai parfumé mon âme
A la rose
Pour ma vie entière

Ispahan grise et aux faïences bleues
Comme si l'on t'avait
Faite avec
Des morceaux de ciel et de terre
En laissant au milieu
Un grand trou de lumière
Cette
Place carrée Meïdan
Schah trop
Grande pour le trop petit nombre
De petits ânes trottinant
Et qui savent si joliment
Braire en regardant
La barbe rougie au henné
Du Soleil qui ressemble
A ces jeunes marchands barbus
Abrités sous leur ombrelle blanche

Je suis ici le frère des peupliers

.

Reconnaissez beaux peupliers aux fils d'Europe
O mes frères tremblants qui priez en Asie

Un passant arqué comme une corne d'antilope
Phonographe
Patarafes
La petite échoppe

Rolandseck

A Rolandseck je rêvais sur la rive verte
La nonne de Roland dans l'île Nonnenwerth
Semblait passer ancienne parmi les fillettes

Les sept montagnes dormaient comme les bêtes
Enfin lasses qui gardaient les princesses légendaires
Et rêvant j'attendais le bac rectangulaire

Des gens descendant venaient aussi pour passer le
        fleuve
Trois dames au parler hanovrien
Effeuillaient sans raison des roses dans le Rhin
Qui semble une veine de Ton Corps si noble

Sur la route bordant le fleuve et tachée d'ombre
        Fuyaient tremblant de peur
Comme des chevaliers indignes les autos
Tandis qu'au fil du Rhin s'en allaient des bateaux
        A vapeur

La Grenouillère

Au bord de l'île on voit
Les canots vides qui s'entre-cognent
Et maintenant
Ni le dimanche ni les jours de la semaine
Ni les peintres ni Maupassant ne se promènent
Bras nus sur leurs canots avec des femmes à grosse
poitrine
                    Et bêtes comme chou
Petits bateaux vous me faites bien de la peine
Au bord de l'île

Montparnasse

O porte de l'hôtel avec deux plantes vertes
Vertes qui jamais
Ne porteront de fleurs
Où sont mes fruits Où me planté-je
O porte de l'hôtel un ange est devant toi
Distribuant des prospectus
On n'a jamais si bien défendu la vertu
Donnez-moi pour toujours une chambre à la semaine
Ange barbu vous êtes en réalité
Un poète lyrique d'Allemagne
Qui voulez connaître Paris
Vous connaissez de son pavé
Ces raies sur lesquelles il ne faut pas que l'on marche
      Et vous rêvez
D'aller passer votre Dimanche à Garches

Il fait un peu lourd et vos cheveux sont longs
O bon petit poète un peu bête et trop blond
Vos yeux ressemblent tant à ces deux grands ballons
Qui s'en vont dans l'air pur
A l'aventure

Hyde Park

Les Faiseurs de religions
Prêchaient dans le brouillard
Les ombres près de qui nous passions
Jouaient à colin-maillard

A soixante-dix ans
Joues fraîches de petits enfants
Venez venez Eléonore
Et que sais-je encore

Regardez venir les cyclopes
Les pipes s'envolaient
Mais envolez-vous-en
Regards impénitents
Et l'Europe l'Europe

Regards sacrés
Mains énamourées
Et les amants s'aimèrent
Tant que prêcheurs prêchèrent

1904

A Strasbourg en 1904
J'arrivai pour le lundi gras
A l'hôtel m'assis devant l'âtre
Près d'un chanteur de l'Opéra
Qui ne parlait que de théâtre

La Kellnerine rousse avait
Mis sur sa tête un chapeau rose
Comme Hébé qui les dieux servait
N'en eut jamais ô belles choses
Carnaval chapeau rose Ave!

A Rome à Nice et à Cologne
Dans les fleurs et les confetti
Carnaval j'ai revu ta trogne
O roi plus riche et plus gentil
Que Crésus Rothschild et Torlogne

Je soupai d'un peu de foie gras
De chevreuil tendre à la compote
De tartes flans etc
Un peu de kirsch me ravigote

Que ne t'avais-je entre mes bras

L'anguille

Jeanne Houhou la très gentille
Est morte entre des draps très blancs
Pas seule Bébert dit l'Anguille
Narcisse et Hubert le merlan
Près d'elle faisaient leur manille

Et la crâneuse de Clichy
Aux rouges yeux de dégueulade
Répète Mon eau de Vichy
Va dans le panier à salade
Haha sans faire de chichi

Les yeux dansants comme des anges
Elle riait elle riait
Les yeux très bleus les dents très blanches
Si vous saviez si vous saviez
Tout ce que nous ferons dimanche

Souvenir du douanier

Un tout petit oiseau
Sur l'épaule d'un ange
Ils chantent la louange
Du gentil Rousseau

Les mouvements du monde
Les souvenirs s'en vont
Comme un bateau sur l'onde
Et les regrets au fond

Gentil Rousseau
Tu es cet ange
Et cet oiseau
De ta louange

Ils se donnaient la main et s'attristaient ensemble
Sur leurs tombeaux ce sont les mêmes fleurs qui
    tremblent
Tu as raison elle est belle
Mais je n'ai pas le droit de l'aimer
Il faut que je reste ici
Où l'on fait de si jolies couronnes mortuaires en perles
Il faudra que je te montre ça

La belle Américaine
Qui rend les hommes fous
Dans deux ou trois semaines
Partira pour Corfou

Je tourne vire
Phare affolé
Mon beau navire
S'est en allé

Des plaies sur les jambes
Tu m'as montré ces trous sanglants
Quand nous prenions un quinquina
Au bar des Iles Marquises rue de la Gaîté
Un matin doux de verduresse

Les matelots l'attendent
Et fixent l'horizon
Où mi-corps hors de l'onde
Bayent tous les poissons

Je tourne vire
Phare affolé
Mon beau navire
S'est en allé

Les tessons de ta voix que l'amour a brisée
Nègres mélodieux Et je t'avais grisée

La belle Américaine
Qui rend les hommes fous

Dans deux ou trois semaines
Partira pour Corfou

Tu traverses Paris à pied très lentement
La brise au voile mauve Êtes-vous là maman

        Je tourne vire
        Phare affolé
        Mon beau navire
        S'est en allé

On dit qu'elle était belle
Près du Mississipi
Mais que la rend plus belle
La mode de Paris

        Je tourne vire
        Phare affolé
        Mon beau navire
        S'est en allé

Il grava sur un banc près la porte Dauphine
Les deux noms adorés Clémence et Joséphine

Et deux rosiers grimpaient le long de son âme
Un merveilleux trio
Il sourit sur le Pavé des Gardes à la jument pisseuse
Il dirige un orchestre d'enfants
Mademoiselle Madeleine
Ah! Mademoiselle Madeleine
                Ah!

Il y a d'autres filles
Dans l'arrondissement
De douces de gentilles
Et qui n'ont pas d'amants

Je tourne vire
Phare affolé
Mon beau navire
S'est en allé

Un poème

Il est entré
Il s'est assis
Il ne regarde pas le pyrogène à cheveux rouges
L'allumette flambe
Il est parti

Le pont

Deux dames le long le long du fleuve
Elles se parlent par-dessus l'eau
Et sur le pont de leurs paroles
La foule passe et repasse en dansant

Un dieu   c'est
                                           pour
          Tu reviendras   toi
                                           seule
                    Hi! oh! Là-bas   que
                                           le
                         Là-bas   sang
                                           coule

Tous les enfants savent pourquoi

          Passe mais passe donc

          Ne te retourne pas

     Hi! oh! là-bas là-bas
Les jeunes filles qui passent sur le pont léger

Portent dans leurs mains
Le bouquet de demain
Et leurs regards s'écoulent
Dans ce fleuve à tous étranger
Qui vient de loin qui va si loin
Et passe sous le pont léger de vos paroles
O Bavardes le long du fleuve
O Bavardes ô folles le long du fleuve

Avant le cinéma

Et puis ce soir on s'en ira
Au cinéma

Les Artistes que sont-ce donc
Ce ne sont plus ceux qui cultivent les Beaux-Arts
Ce ne sont pas ceux qui s'occupent de l'Art
Art poétique ou bien musique
Les Artistes ce sont les acteurs et les actrices

Si nous étions des Artistes
Nous ne dirions pas le cinéma
Nous dirions le ciné

Mais si nous étions de vieux professeurs de province
Nous ne dirions ni ciné ni cinéma
Mais cinématographe

Aussi mon Dieu faut-il avoir du goût

Fusée-signal

Des villages flambaient dans la nuit intérieure
Une fermière conduit son auto sur une route vers
   Galveston

Qui a lancé cette fusée-signal

Néanmoins tu feras bien de tenir la porte ouverte
Et puis le vent scieur de long
Suscitera en toi la terreur des fantômes
         Ta langue
Le poisson rouge dans le bocal
           De ta voix
Mais ce regret
A peine une infirmière plus blanche que l'hiver
Éblouissant tandis qu'à l'horizon décroît
Un régiment de jours plus bleus que les collines
Lointaines et plus doux que ne sont les coussins de
   l'auto

Allons plus vite

Et le soir vient et les lys meurent
    Regarde ma douleur beau ciel qui me l'envoies
        Une nuit de mélancolie

              Enfant souris ô sœur écoute
Pauvres marchez sur la grand-route
    O menteuse forêt qui surgis à ma voix
           Les flammes qui brûlent les âmes

    Sur le Boulevard de Grenelle
Les ouvriers et les patrons
     Arbres de mai cette dentelle
     Ne fais donc pas le fanfaron
   Allons plus vite nom de Dieu
     Allons plus vite

Tous les poteaux télégraphiques
Viennent là-bas le long du quai
Sur son sein notre République
A mis ce bouquet de muguet
Qui poussait dru le long du quai
    Allons plus vite nom de Dieu
      Allons plus vite

La bouche en cœur Pauline honteuse
                    Les ouvriers et les patrons
Oui-dà oui-dà belle endormeuse
Ton frère
          Allons plus vite nom de Dieu
                Allons plus vite

Sanglots

Notre amour est réglé par les calmes étoiles
Or nous savons qu'en nous beaucoup d'hommes
    respirent
Qui vinrent de très loin et sont un sous nos fronts
C'est la chanson des rêveurs
Qui s'étaient arraché le cœur
Et le portaient dans la main droite
    Souviens-t'en cher orgueil de tous ces souvenirs

Des marins qui chantaient comme des conquérants
Des gouffres de Thulé des tendres cieux d'Ophir
Des malades maudits de ceux qui fuient leur ombre
Et du retour joyeux des heureux émigrants
De ce cœur il coulait du sang
Et le rêveur allait pensant
A sa blessure délicate
    Tu ne briseras pas la chaîne de ces causes
Et douloureuse et nous disait
    Qui sont les effets d'autres causes
Mon pauvre cœur mon cœur brisé
Pareil au cœur de tous les hommes
    Voici voici nos mains que la vie fit esclaves
Est mort d'amour ou c'est tout comme
Est mort d'amour et le voici Ainsi vont toutes
    choses

74

Arrachez donc le vôtre aussi
Et rien ne sera libre jusqu'à la fin des temps
Laissons tout aux morts
Et cachons nos sanglots

Bleuet

Jeune homme
De vingt ans
Qui as vu des choses si affreuses
Que penses-tu des hommes de ton enfance

Tu   Tu
  as
    vu   connais
      la
       mort   la bravoure et la ruse
           en
             face
                plus
                    de
                        cent
                           fois
                              tu
                                ne
                                  sais

Transmets ton intrépidité   pas
                                        ce

A ceux qui viendront   que
                                         c'est
      Après toi   que
                                         la
                                       vie

Jeune homme
Tu es joyeux ta mémoire est ensanglantée
Ton âme est rouge aussi
De joie
Tu as absorbé la vie de ceux qui sont morts près de toi
Tu as de la décision
Il est 17 heures et tu saurais
Mourir
Sinon mieux que tes aînés
Du moins plus pieusement
Car tu connais mieux la mort que la vie
O douceur d'autrefois
Lenteur immémoriale

A Luigi Amaro

Deux drapeaux tricolores

Amaro vous savez que je vous aime bien

C'est
le
lundi
de
Pâques

Comment réussissent-ils à avoir du crin gris perle

Je me souviens de l'émotion sublime qui nous gagna
    tous
A la lecture de la proclamation du général Gallieni
                Aux Parisiens

Vous chantez Gallieni
                Avec cette simplicité
                Qu'il faut mettre en toutes choses

L'Italie est venue avec nous
                Agitant auprès du ciel de notre drapeau

    AMARO   LE VERT QUI EST LA VÉGÉTATION
                        L'ESPÉRANCE

    ECOUTEZ   QUI EST LA HAINE AUSSI
                        ET L'ENNEMI LUI-MÊME

Amaro écoutez
Le fracas éternel de nos artilleries
Érige un tombeau de rumeurs
Tresse les couronnes faites en fleurs d'éclatements

Amaro écoutez
La Russie chante la *Marseillaise*
L'Amérique au nom de toutes démocraties
Proclame que tous les Français sont illustres

Et vous Amaro honorez
Tous les soldats français en chantant ce grand pacifi-
cateur
France ô Pacifique
O douce ô belle France

Amaro vous savez que je vous aime bien
Et nous aimons tous deux la France et l'Italie

Fagnes de Wallonie

Tant de tristesses plénières
Prirent mon cœur aux fagnes désolées
Quand las j'ai reposé dans les sapinières
Le poids des kilomètres pendant que râlait
Le vent d'ouest

J'avais quitté le joli bois
Les écureuils y sont restés
Ma pipe essayait de faire des nuages
                    Au ciel
Qui restait pur obstinément

Je n'ai confié aucun secret sinon une chanson énigma-
    tique
Aux tourbières humides

Les bruyères fleurant le miel
Attiraient les abeilles
Et mes pieds endoloris
Foulaient les myrtilles et les airelles
Tendrement mariée
                    Nord
                    Nord

La vie s'y tord
En arbres forts
                    Et tors
La vie y mord
                    La mort
A belles dents
Quand bruit le vent

PABLO PICASSO

Voyez ce peintre il prend les choses avec leur ombre aussi et d'un coup d'œil sublimatoire
Il se déchire en accords profonds et agréables à respirer tel l'orgue que j'aime entendre
Des Arlequines jouent dans le rose et bleus d'un beau-ciel   Ce souvenir revit
les rêves   et les actives mains   Orient plein de glaciers   L'hiver est rigoureux
Lustres   or toile irisée or   loi des stries de feu   fond en murmurant.
Bleu   flamme légère   argent des ondes   bleues après le grand cri
Tout   en restant   elles touchent   cette sirène violon
Faons   lourdes ailes   l'incandesce   quelques brasses encore
Bourdons   femmes striées   éclat do   plongeon-diamant
Arlequins   semblables à Dieu   en variété   Aussi distingués qu'un lac
Fleurs   brillant comme deux   perles   monstres qui palpitent
Lys   cerclés d'or,   je n'étais pas seul!   fais onduler les remords
               montant de l'énorme mer

Nouveau monde très matinal   en Amérique
L'aventure de ce vieux cheval   l'œil du masque
Au soir de la pêche merveilleuse   anges rangés
Air de petits violons au fond des   l'an des dieux
Dans le couchant puis au bout de   la main verte
Regarde la tête géante et immense   tout notre or
L'argent sera vite remplacé par   la danse bleue
Morte pendue à l'hameçon... c'est   des maisons
L'humide voix des acrobates   qui s'assoupit
Grimace parmi les assauts du vent   femme bleue
Ouis les vagues et le fracas d'une   par la vertu
Enfin la grotte à l'atmosphère dorée   il faut rire!
Ce saphir veiné
Rois de phosphore   sous les arbres les bottines entre des plumes bleues
La danse des   dix mouches   lui fait face quand il songe à toi
Le cadre bleu   tandis que   l'air agile s'ouvrait aussi
       Au milieu des   regrets dans une vaste grotte.
          Prends les araignées roses   à la nage
          Regrets d'invisibles pièges
Paisible se souleva mais sur le clavier   l'air
Guitare-tempête   musiques
O gai trémolo   ô gai trémolo
Il ne rit pas   ô gai trémolo
Ton pauvre   l'artiste-peintre
L'ombreagile   étincellement pâle
Immense désir   d'un soir d'été qui meurt
Je vis nos yeux   et l'aube émerge des eaux si lumineuses
J'entendis sa voix   diamants enfermer le reflet du ciel vert et
    qui dorait les forêts tandis que vous pleuriez
L'acrobate à cheval le poète à moustaches un oiseau mort et tant d'enfants sans larmes
Choses cassées des livres déchirés des couches de poussière et des aurores déferlent!
GUILLAUME APOLLINAIRE

Onirocritique

Les charbons du ciel étaient si proches que je craignais leur ardeur. Ils étaient sur le point de me brûler. Mais j'avais la conscience des éternités différentes de l'homme et de la femme. Deux animaux dissemblables s'accouplaient et les rosiers provignaient des treilles qu'alourdissaient des grappes de lunes. De la gorge du singe il sortit des flammes qui fleurdelisèrent le monde. Dans les myrtaies une hermine blanchissait. Nous lui demandâmes la raison du faux hiver. J'avalai des troupeaux basanés. Orkenise parut à l'horizon. Nous nous dirigeâmes vers cette ville en regrettant les vallons où les pommiers chantaient, sifflaient et rugissaient. Mais le chant des champs labourés était merveilleux :

Par les portes d'Orkenise
Veut entrer un charretier
Par les portes d'Orkenise
Veut sortir un va-nu-pieds.

Et les gardes de la ville
Courant sus au va-nu-pieds :
« — Qu'emportes-tu de la ville ? »
« — J'y laisse mon cœur entier. »

Et les gardes de la ville
Courant sus au charretier :
« — Qu'apportes-tu dans la ville ? »
« — Mon cœur pour me marier. »

Que de cœurs dans Orkenise !
Les gardes riaient, riaient,
Va-nu-pieds la route est grise,
L'amour grise, ô charretier.

Les beaux gardes de la ville,
Tricotaient superbement ;
Puis, les portes de la ville,
Se fermèrent lentement.

Mais, j'avais la conscience des éternités différentes de l'homme et de la femme. Le ciel allaitait ses pards. J'aperçus alors sur ma main des taches cramoisies. Vers le matin, des pirates emmenèrent neuf vaisseaux ancrés dans le port. Les monarques s'égayaient. Et les femmes ne voulaient pleurer aucun mort. Elles préfèrent les vieux rois, plus forts en amour que les vieux chiens. Un sacrificateur désira être immolé au lieu de la victime. On lui ouvrit le ventre. J'y vis quatre I, quatre O, quatre D. On nous servit de la viande fraîche et je grandis subitement après en avoir mangé. Des singes pareils à leurs arbres violaient d'anciens tombeaux. J'appelai une de ces bêtes sur qui poussaient des feuilles de laurier. Elle m'apporta une tête faite d'une seule perle. Je la pris dans mes bras et l'interrogeai après l'avoir menacée de la rejeter dans la mer si elle ne me répondait pas. Cette perle était ignorante et la mer l'engloutit.

Mais, j'avais la conscience des éternités différentes de l'homme et de la femme. Deux animaux dissemblables s'aimaient. Cependant les rois seuls ne mouraient point de ce rire et vingt tailleurs aveugles vinrent dans le but de tailler et de coudre un voile destiné à couvrir la sardoine. Je les dirigeai moi-même, à reculons. Vers le soir, les arbres s'envolèrent, les singes devinrent immobiles et je me vis au centuple. La troupe que j'étais s'assit au bord de la mer. De grands vaisseaux d'or passaient à l'horizon. Et quand la nuit fut complète, cent flammes vinrent à ma rencontre. Je procréai cent enfants mâles dont les nourrices furent la lune et la colline. Ils aimèrent les rois désossés que l'on agitait sur les balcons. Arrivé au bord d'un fleuve je le pris à deux mains et le brandis. Cette épée me désaltéra. Et, la source languissante m'avertit que si j'arrêtais le soleil je le verrais carré, en réalité. Centuplé, je nageai vers un archipel. Cent matelots m'accueillirent et m'ayant mené dans un palais, ils m'y tuèrent quatre-vingt-dix-neuf fois. J'éclatai de rire à ce moment et dansai tandis qu'ils pleuraient. Je dansai à quatre pattes. Les matelots n'osaient plus bouger, car j'avais l'aspect effrayant du lion.

A quatre pattes, à quatre pattes.

Mes bras, mes jambes se ressemblaient et mes yeux multipliés me couronnaient attentivement. Je me relevai ensuite pour danser comme les mains et les feuilles.

J'étais ganté. Les insulaires m'emmenèrent dans leurs vergers pour que je cueillisse des fruits semblables à des femmes. Et l'île, à la dérive, alla combler un golfe où du sable aussitôt poussèrent des arbres rouges. Une bête molle couverte de plumes blanches chantait ineffablement et tout un peuple l'admirait sans se lasser. Je retrouvai sur le sol la tête faite d'une seule perle qui pleurait. Je brandis le fleuve et la foule se dispersa. Des vieillards mangeaient l'ache et immortels ne souffraient pas plus que les morts. Je me sentis libre, libre comme une fleur en sa saison. Le soleil n'était pas plus libre qu'un fruit mûr. Un troupeau d'arbres broutait les étoiles invisibles et l'aurore donnait la main à la tempête. Dans les myrtaies, on subissait l'influence de l'ombre. Tout un peuple entassé dans un pressoir saignait en chantant. Des hommes naquirent de la liqueur qui coulait du pressoir. Ils brandissaient d'autres fleuves qui s'entrechoquaient avec un bruit argentin. Les ombres sortirent des myrtaies et s'en allèrent dans les jardinets qu'arrosait un surgeon d'yeux d'hommes et de bêtes. Le plus beau des hommes me prit à la gorge, mais je parvins à le terrasser. A genoux, il me montra les dents. Je les touchai. Il en sortit des sons qui se changèrent en serpents de la couleur des châtaignes et leur langue s'appelait Sainte Fabeau. Ils déterrèrent une racine transparente et en mangèrent. Elle était de la grosseur d'une rave.

Et mon fleuve au repos les surbaigna sans les noyer.

Le ciel était plein de fèces et d'oignons. Je maudissais les astres indignes dont la clarté coulait sur la terre. Nulle créature vivante n'apparaissait plus. Mais des chants s'élevaient de toutes parts. Je visitai des villes vides et des chaumières abandonnées. Je ramassai les couronnes de tous les rois et en fis le ministre immobile du monde loquace. Des vaisseaux d'or, sans matelots, passaient à l'horizon. Des ombres gigantesques se profilaient sur les voiles lointaines. Plusieurs siècles me

séparaient de ces ombres. Je me désespérai. Mais, j'avais
la conscience des éternités différentes de l'homme et de
la femme. Des ombres dissemblables assombrissaient
de leur amour l'écarlate des voilures, tandis que mes
yeux se multipliaient dans les fleuves, dans les villes et
sur la neige des montagnes.

POÈMES A LOU

[OMBRE DE MON AMOUR]

La
Paix
bleu
Je pique
octobre
seule a la
douceur de vos
lèvres qui ressem
blent à sa blessure
lorsque trop mûr le no
ble fruit que je voudrais
tant cueillir paraît sur
le point de choir ô fi
que ô figue désirée
bouche dans que je veux
cueillir blessure veux
dont je meurs

C'est dans cette fleur
bat mon cœur qui
sent si bon et d'où
monte un beau ciel de

A   RO
ma   EN
QUES   É
fants   mais
CE   vos   tes
T   font   bien
                   ma   AIMÉE
                   et
                   plus
                   pieux
                   on
                   co
                   re
                   que
                   vos
                   on
                   gles

Et puis vociférons
Avec qui pêcheur
JE
Capture l'immense monstre de ton
Qui un est étrange abime au sein des nuits profondes D

A LOU

HOMMAGE
respectueusement passionné

O si
vi ers
vous bat
tiez ain
si que
font par
fois ses
pau pie
res ce livre dur et pre
Par cis dans la joie

rit
mou sa en
et voir l'ir
fin l'ir
res ist E
ible ter ni
ter ni

Votre cheve lure pareille le apprenez ô Lou à me con nai
répandu vous JE tre afin de ne plus m'oublier
au sang SALU
E LOU mais per
COMM che sur
E FAIT l'a bî
VOTRE me je mi
AR BRE do la
PRÉFÉ ne la
RE LEP mer com
ALMIER nie un
PENCHE nie maî tre
DU GRA
ND JARD
IN MAR
IN SOULE
VÉ COM
ME UN SEIN

Guillaume
Apollinaire

C U I S E A N M E U P O L I

et je r la ici mê,
e mal gré vous

sés la + secrète votre pen

A
MA
DA
me LA COMTEsse
L.   Y-
C   N
je donne de tout
cœur ce flacon
d'eau-de-vie et
suis son servite
ur son admirate
ur et son ami ta
citurne GUILLAU
ME APOLLINAIRE

LE II
NOVE
MBRE
1914   A   NICE
OU ELLE SOIG
NE LES BLESS
ÉS DE
LA GU
ERRE

Je pense à toi mon Lou ton cœur est ma caserne
Mes sens sont tes chevaux ton souvenir est ma luzerne

Le ciel est plein ce soir de sabres d'éperons
Les canonniers s'en vont dans l'ombre lourds et prompts

Mais près de moi je vois sans cesse ton image
Ta bouche est la blessure ardente du courage

Nos fanfares éclatent dans la nuit comme ta voix
Quand je suis à cheval tu trottes près de moi

Nos 75 sont gracieux comme ton corps
Et tes cheveux sont fauves comme le feu d'un obus
   qui éclate au nord

*

Je t'aime tes mains et mes souvenirs
Font sonner à toute heure une heureuse fanfare
Des soleils tour à tour se prennent à hennir
Nous sommes les bat-flanc sur qui ruent les étoiles

V

Au lac de tes yeux très profond
Mon pauvre cœur se noie et fond
    Là le défont
Dans l'eau d'amour et de folie
    Souvenir et Mélancolie

La fumée de la cantine est comme la nuit qui vient
Voix hautes ou graves le vin saigne partout
Je tire ma pipe libre et fier parmi mes camarades
Ils partiront avec moi pour les champs de bataille
Ils dormiront la nuit sous la pluie ou les étoiles
Ils galoperont avec moi portant en croupe des victoires
Ils obéiront avec moi aux mêmes commandements
Ils écouteront attentifs les sublimes fanfares
Ils mourront près de moi et moi peut-être près d'eux
Ils souffriront du froid et du soleil avec moi
Ils sont des hommes ceux-ci qui boivent avec moi
Ils obéissent avec moi aux lois de l'homme
Ils regardent sur les routes les femmes qui passent
Ils les désirent mais moi j'ai des plus hautes amours
Qui règnent sur mon cœur mes sens et mon cerveau
Et qui sont ma patrie ma famille et mon espérance
A moi soldat amoureux soldat de la douce France

Mon Lou la nuit descend tu es à moi je t'aime
Les cyprès ont noirci le ciel a fait de même
Les trompettes chantaient ta beauté mon bonheur
De t'aimer pour toujours ton cœur près de mon cœur
Je suis revenu doucement à la caserne
Les écuries sentaient bon la luzerne
Les croupes des chevaux évoquaient ta force et ta grâce
D'alezane dorée ô ma belle jument de race
La tour Magne tournait sur sa colline laurée
Et dansait lentement lentement s'obombrait
Tandis que des amants descendaient de la colline
La tour dansait lentement comme une sarrasine
Le vent souffle pourtant il ne fait pas du tout froid
Je te verrai dans deux jours et suis heureux comme un
    roi
Et j'aime de t'y aimer cette Nîmes la Romaine
Où les soldats français remplacent l'armée prétorienne
Beaucoup de vieux soldats qu'on n'a pu habiller
Ils vont comme des bœufs tanguent comme des mari-
    niers
Je pense à tes cheveux qui sont mon or et ma gloire
Ils sont toute ma lumière dans la nuit noire
Et tes yeux sont les fenêtres d'où je veux regarder
La vie et ses bonheurs la mort qui vient aider
Les soldats las les femmes tristes et les enfants malades

Des soldats mangent près d'ici de l'ail dans la salade
L'un a une chemise quadrillée de bleu comme une carte
Je t'adore mon Lou et sans te voir je te regarde
Ça sent l'ail et le vin et aussi l'iodoforme
Je t'adore mon Lou embrasse-moi avant que je ne
    dorme
Le ciel est plein d'étoiles qui sont les soldats
Morts ils bivouaquent là-haut comme ils bivouaquaient
    là-bas
Et j'irai conducteur un jour lointain t'y conduire
Lou que de jours de bonheur avant que ce jour ne
    vienne luire
Aime-moi mon Lou je t'adore Bonsoir
Je t'adore je t'aime adieu mon Lou ma gloire

Je t'adore mon Lou et par moi tout t'adore
Les chevaux que je vois s'ébrouer aux abords
L'appareil des monuments latins qui me contemplent
Les artilleurs vigoureux qui dans leur caserne rentrent
Le soleil qui descend lentement devant moi
Les fantassins bleu pâle qui partent pour le front pen-
    sent à toi
Car ô ma chevelue de feu tu es la torche
Qui m'éclaire ce monde et flamme tu es ma force
        Dans le ciel les nuages
        Figurent ton image
        Le mistral en passant
        Emporte mes paroles
        Tu en perçois le sens
        C'est vers toi qu'elles volent
        Tout le jour nos regards
        Vont des Alpes au Gard
        Du Gard à la Marine
        Et quand le jour décline
        Quand le sommeil nous prend
        Dans nos lits différents
        Nos songes nous rapprochent
        Objets dans la même poche
        Et nous vivons confondus
        Dans le même rêve éperdu
        Mes songes te ressemblent

Les branches remuées ce sont tes yeux qui tremblent
Et je te vois partout toi si belle et si tendre
Les clous de mes souliers brillent comme tes yeux
La vulve des juments est rose comme la tienne
Et nos armes graissées c'est comme quand tu me veux
O douceur de ma vie c'est comme quand tu m'aimes

      L'hiver est doux le ciel est bleu
      Refais-me le refais-me le
      Toi ma chère permission
      Ma consigne ma faction
      Ton amour est mon uniforme
      Tes doux baisers sont les boutons
      Ils brillent comme l'or et l'ornent
      Et tes bras si roses si longs
      Sont les plus galants des galons

Un monsieur près de moi mange une glace blanche
Je songe au goût de ta chair et je songe à tes hanches
A gauche lit son journal une jeune dame blonde
Je songe à tes lettres où sont pour moi toutes les nou-
    velles du monde
Il passe des marins la mer meurt à tes pieds
Je regarde ta photo tu es l'univers entier
J'allume une allumette et vois ta chevelure
Tu es pour moi la vie cependant qu'elle dure
Et tu es l'avenir et mon éternité
Toi mon amour unique et la seule beauté

Mon Lou je veux te reparler maintenant de l'Amour
Il monte dans mon cœur comme le soleil sur le jour
Et soleil il agite ses rayons comme des fouets
Pour activer nos âmes et les lier
Mon amour c'est seulement ton bonheur
Et ton bonheur c'est seulement ma volonté
Ton amour doit être passionné de douleur
Ma volonté se confond avec ton désir et ta beauté
Ah! Ah! te revoilà devant moi toute nue
Captive adorée toi la dernière venue
Tes seins ont le goût pâle des kakis et des figues de
    Barbarie
Hanches fruits confits je les aime ma chérie
L'écume de la mer dont naquit la déesse
Évoque celle-là qui naît de ma caresse
Si tu marches Splendeur tes yeux ont le luisant
D'un sabre au doux regard prêt à se teindre de sang
Si tu te couches Douceur tu deviens mon orgie
Et le mets savoureux de notre liturgie
Si tu te courbes Ardeur comme une flamme au vent
Des atteintes du feu jamais rien n'est décevant
Je flambe dans ta flamme et suis de ton amour
Le phénix qui se meurt et renaît chaque jour

Chaque jour
Mon amour
Va vers toi ma chérie
Comme un tramway
Il grince et crie
Sur les rails où je vais
La nuit m'envoie ses violettes
Reçois-les car je te les jette
Le soleil est mort doucement
Comme est mort l'ancien roman
De nos fausses amours passées
Les violettes sont tressées
Si d'or te couronnait le jour
La nuit t'enguirlande à son tour

C'est l'hiver et déjà j'ai revu des bourgeons
Aux figuiers dans les clos Mon amour nous bougeons
Vers la paix ce printemps de la guerre où nous sommes
Nous sommes bien Là-bas entends le cri des hommes
Un marin japonais se gratte l'œil gauche avec l'orteil
    droit
Sur le chemin de l'exil voici des fils de rois
Mon cœur tourne autour de toi comme un kolo où
    dansent quelques jeunes soldats serbes auprès d'une
    pucelle endormie
Le fantassin blond fait la chasse aux morpions sous la
    pluie
Un belge interné dans les Pays-Bas lit un journal où il
    est question de moi
Sur la digue une reine regarde le champ de bataille
    avec effroi
L'ambulancier ferme les yeux devant l'horrible blessure
Le sonneur voit le beffroi tomber comme une poire trop
    mûre
Le capitaine anglais dont le vaisseau coule tire une
    dernière pipe d'opium
Ils crient Cri vers le printemps de paix qui va venir
    Entends le cri des hommes
Mais mon cri va vers toi mon Lou tu es ma paix et mon
    printemps

Tu es ma Lou chérie le bonheur que j'attends
C'est pour notre bonheur que je me prépare à la mort
C'est pour notre bonheur que dans la vie j'espère encore
C'est pour notre bonheur que luttent les armées
Que l'on pointe au miroir sur l'infanterie décimée
Que passent les obus comme des étoiles filantes
Que vont les prisonniers en troupes dolentes
Et que mon cœur ne bat que pour toi ma chérie
Mon amour ô mon Lou mon art et mon artillerie

Guirlande de Lou

Je fume un cigare à Tarascon en humant un café
Des goumiers en manteau rouge passent près de l'hôtel
   des Empereurs
Le train qui m'emporta t'enguirlandait de tout mon
   souvenir nostalgique
Et ces roses si roses qui fleurissent tes seins
C'est mon désir joyeux comme l'aurore d'un beau
   matin

*

Une flaque d'eau trouble comme mon âme
Le train fuyait avec un bruit d'obus de 120 au terme de
   sa course
Et les yeux fermés je respirais les héliotropes de tes
   veines
Sur tes jambes qui sont un jardin plein de marbres
Héliotropes ô soupirs d'une Belgique crucifiée

*

Et puis tourne tes yeux ce réséda si tendre
Ils exhalent un parfum que mes yeux savent entendre
L'odeur forte et honteuse des Saintes violées
Des sept Départements où le sang a coulé

*

Hausse tes mains Hausse tes mains ces lys de ma fierté
Dans leur corolle s'épure toute l'impureté
O lys ô cloches des cathédrales qui s'écroulent au nord
Carillons des Beffrois qui sonnent à la mort
Fleurs de lys fleurs de France ô mains de mon amour
Vous fleurissez de clarté la lumière du jour

*

Tes pieds tes pieds d'or touffes de mimosas
Lampes au bout du chemin fatigues des soldats
— *Allons c'est moi ouvre la porte je suis de retour enfin*
— C'est toi assieds-toi entre l'ombre et la tristesse
— *Je suis couvert de boue et tremble de détresse*
Je pensais à tes pieds d'or pâle comme à des fleurs
— Touche-les ils sont froids comme quelqu'un qui
    meurt.

*

Les lilas de tes cheveux qui annoncent le printemps
Ce sont les sanglots et les cris que jettent les mourants
Le vent passe au travers doux comme nos baisers
Le printemps reviendra les lilas vont passer

*

Ta voix ta voix fleurit comme les tubéreuses
Elle enivre la vie ô voix ô voix chérie
Ordonne ordonne au temps de passer bien plus vite

Le bouquet de ton corps est le bonheur du temps
Et les fleurs de l'espoir enguirlandent tes tempes
Les douleurs en passant près de toi se métamorphosent
— Écroulements de flammes morts frileuses hémati-
    droses —
En une gerbe où fleurit La Merveilleuse Rose

Tarascon, 24 janvier 1915.

Si je mourais là-bas...

Si je mourais là-bas sur le front de l'armée
Tu pleurerais un jour ô Lou ma bien-aimée
Et puis mon souvenir s'éteindrait comme meurt
Un obus éclatant sur le front de l'armée
Un bel obus semblable aux mimosas en fleur

Et puis ce souvenir éclaté dans l'espace
Couvrirait de mon sang le monde tout entier
La mer les monts les vals et l'étoile qui passe
Les soleils merveilleux mûrissant dans l'espace
Comme font les fruits d'or autour de Baratier

Souvenir oublié vivant dans toutes choses
Je rougirais le bout de tes jolis seins roses
Je rougirais ta bouche et tes cheveux sanglants
Tu ne vieillirais point toutes ces belles choses
Rajeuniraient toujours pour leurs destins galants

Le fatal giclement de mon sang sur le monde
Donnerait au soleil plus de vive clarté
Aux fleurs plus de couleur plus de vitesse à l'onde
Un amour inouï descendrait sur le monde
L'amant serait plus fort dans ton corps écarté

Lou si je meurs là-bas souvenir qu'on oublie
— Souviens-t'en quelquefois aux instants de folie
De jeunesse et d'amour et d'éclatante ardeur —
Mon sang c'est la fontaine ardente du bonheur
Et sois la plus heureuse étant la plus jolie

O mon unique amour et ma grande folie

30 janvier 1915, Nîmes.

L a nuit descend
O n y pressent
U n long un long destin de sang

La mésange

Les soldats s'en vont lentement
Dans la nuit trouble de la ville
Entends battre mon cœur d'amant
Ce cœur en vaut bien plus de mille
Puisque je t'aime éperdument

Je t'aime éperdument ma chère
J'ai perdu le sens de la vie
Je ne connais plus la lumière
Puisque l'Amour est mon envie
Mon soleil et ma vie entière

Écoute-le battre mon cœur
Un régiment d'artillerie
En marche mon cœur d'Artilleur
Pour toi se met en batterie
Écoute-le petite sœur

Petite sœur je te prends toute
Tu m'appartiens je t'appartiens
Ensemble nous faisons la route
Et dis-moi de ces petits riens
Qui consolent qui les écoute

Un tramway descend vitement
Trouant la nuit la nuit de verre
Où va mon cœur en régiment
Tes beaux yeux m'envoient leur lumière
Entends battre mon cœur d'amant

Ce matin vint une mésange
Voleter près de mon cheval
C'était peut-être un petit ange
Exilé dans le joli val
Où j'eus sa vision étrange

Ses yeux c'était tes jolis yeux
Son plumage ta chevelure
Son chant les mots mystérieux
Qu'à mes oreilles on susurre
Quand nous sommes bien seuls tous deux

Dans le vallon j'étais tout blême
D'avoir chevauché jusque-là
Le vent criait un long poème
Au soleil dans tout son éclat
Au bel oiseau j'ai dit Je t'aime!

2 fév. 1915.

Parce que tu m'as parlé de vice...

Tu m'as parlé de vice en ta lettre d'hier
Le vice n'entre pas dans les amours sublimes
Il n'est pas plus qu'un grain de sable dans la mer
Un seul grain descendant dans les glauques abîmes

Nous pouvons faire agir l'imagination
Faire danser nos sens sur les débris du monde
Nous énerver jusqu'à l'exaspération
Ou vautrer nos deux corps dans une fange immonde

Et liés l'un à l'autre en une étreinte unique
Nous pouvons défier la mort et son destin
Quand nos dents claqueront en claquement panique
Nous pouvons appeler soir ce qu'on dit matin

Tu peux déifier ma volonté sauvage
Je peux me prosterner comme vers un autel
Devant ta croupe qu'ensanglantera ma rage
Nos amours resteront pures comme un beau ciel

Qu'importe qu'essoufflés muets bouches ouvertes
Ainsi que deux canons tombés de leur affût
Brisés de trop s'aimer nos corps restent inertes
Notre amour restera bien toujours ce qu'il fut

Ennoblissons mon cœur l'imagination
La pauvre humanité bien souvent n'en a guères
Le vice en tout cela n'est qu'une illusion
Qui ne trompe jamais que les âmes vulgaires

3 fév. 1915.

Nos étoiles

La trompette sonne et resonne
Sonne l'extinction des feux
Mon pauvre cœur je te le donne
Pour un regard de tes beaux yeux
Un mouvement de ta personne

Et c'est dix heures tout s'endort
J'écoute ronfler la caserne
Le vent qui souffle vient du nord
La lune me sert de lanterne
Un chien perdu crie à la mort

La nuit s'écoule lente lente
Les heures sonnent lentement
Toi que fais-tu belle indolente
Tandis que veille ton amant
Qui soupire après son amante

Et je cherche au ciel constellé
Où sont nos étoiles jumelles
Mon destin au tien est mêlé
Mais nos étoiles où sont-elles
O ciel mon joli champ de blé

Hugo l'a dit célèbre image
Booz et Ruth s'en vont là-haut
Pas au plafond sur le passage
Comme au roman de *Balao*
Duquel je n'ai lu qu'une page

Un coq lance « cocorico »
Ensemble nos chevaux hennissent
A Nice me répond l'Écho
Tous les amours se réunissent
Autour de mon ptit Lou de Co

*L'ini*maginable tendresse
De ton regard paraît aux cieux
Mon lit ressemble à ta caresse
Par la chaleur puisque tes yeux
Au nom de Nice m'apparaissent

La nuit s'écoule doucement
Je vais enfin dormir tranquille
Tes yeux qui veillent ton amant
Sont-ce pas ma belle indocile
Nos étoiles au firmament

3 fév. 1915.

Dans un café à Nîmes

Vous partez — Oui c'est pour ce soir —
Où allez-vous Reims ou Belgique
Mon voyage est un grand [trou] noir
A travers notre République
C'est tout ce que j'en peux savoir —

Y fûtes-vous — Dans la Lorraine
J'ai fait campagne tout d'abord
J'ai vu la Marne et j'ai vu l'Aisne
J'ai frôlé quatre fois la mort
Qui du Nord est la souveraine

J'ai reçu deux éclats d'obus
Et la médaille militaire
Blessé c'est dans un autobus
Que je m'en revins en arrière
Près d'un espion en gibus

Il voulait fuir Mes mains crispées
L'étranglèrent Ce vilain mort
Me servit de lit Les Napées
Et toutes les Nymphes du Nord
Sur le chemin s'étaient groupées

Et disaient d'une douce voix
Tandis que couleur d'espérance
Bruissait le feuillage des bois
« Bravo petit soldat de France »
Puis je fis un signe de croix —

Caporal qui vas aux tranchées
Heureux est ton sort glorieux
Là-bas aux lignes piochées
A vos fusils impérieux
Les victoires sont accrochées

Dans un dépôt nous canonniers
Attendons notre tour de gloire
Vous êtes partis les premiers
Nous remporterons la victoire
Qui se jette au cou des derniers —

Canonnier ayez patience
Adieu donc — Adieu caporal —
Votre nom — Mon nom l'Espérance
Je suis un canon un cheval
Je suis l'Espoir Vive la France

4 fév. 1915.

Rêverie sur ta venue

Mon Lou mon Cœur mon Adorée
Je donnerais dix ans et plus
Pour ta chevelure dorée
Pour tes regards irrésolus
Pour la chère toison ambrée

Plus précieuse que n'était
Celle-là dont savait la route
Sur la grand-route du Cathai
Qu'Alexandre parcourut toute
Circé que son Jason fouettait

Il la fouettait avec des branches
De laurier-sauce ou d'olivier
La bougresse branlait des hanches
N'ayant plus rien à envier
En faveur de ses fesses blanches

Ce qu'à la Reine fit Jason
Pour ses tours de sorcellerie
Pour sa magie et son poison
Je te le ferai ma chérie
Quand serons seuls à la maison

Je t'en ferai bien plus encore
L'amour la schlague et cœtera
Un cul sera noir comme un Maure
Quand ma maîtresse arrivera
Arrive ô mon Lou que j'adore

Dans la chambre de volupté
Où je t'irai trouver à Nîmes
Tandis que nous prendrons le thé
Pendant le peu d'heures intimes
Que m'embellira ta beauté

Nous ferons cent mille bêtises
Malgré la guerre et tous ses maux
Nous aurons de belles surprises
Les arbres en fleur les Rameaux
Pâques les premières cerises

Nous lirons dans le même lit
Au livre de ton corps lui-même
— C'est un livre qu'au lit on lit —
Nous lirons le charmant poème
Des grâces de ton corps joli

Nous passerons de doux dimanches
Plus doux que n'est le chocolat
Jouant tous deux au jeu des hanches
Le soir j'en serai raplapla
Tu seras pâle aux lèvres blanches

Un mois après tu partiras
La nuit descendra sur la terre
En vain je te tendrai les bras
Magicienne du mystère
Ma Circé tu disparaîtras

Où t'en iras-tu ma jolie
A Paris dans la Suisse ou bien
Au bord de ma mélancolie
Ce flot méditerranéen
Que jamais jamais on n'oublie

Alors sonneront sonneront
Les trompettes d'artillerie
Nous partirons et ron et ron
Petit patapon ma chérie
Vers ce qu'on appelle le Front

J'y ferai qui sait des prouesses
Comme font les autres poilus
En l'honneur de tes belles fesses
De tes doux yeux irrésolus
Et de tes divines caresses

Mais en attendant je t'attends
J'attends tes yeux ton cou ta croupe
Que je n'attende pas longtemps
De tes beautés la belle troupe
M'amie aux beaux seins palpitants

Et viens-t'en donc puisque je t'aime
Je le chante sur tous les tons
Ciel nuageux la nuit est blême
La lune chemine à tâtons
Une abeille sur de la crème

4 février 1915.

Adieu

⊢ 'amour est libre il n'est jamais soumis au sort
○ Lou le mien est plus fort encor que la mort
⊐ n cœur le mien te suit dans ton voyage au Nord

⊢ ettres Envoie aussi des lettres ma chérie
○ n aime en recevoir dans notre artillerie
⊐ ne par jour au moins une au moins je t'en prie

⊢ entement la nuit noire est tombée à présent
○ n va rentrer après avoir acquis du zan
⊐ ne deux trois A toi ma vie A toi mon sang

⊢ a nuit mon cœur la nuit est très douce et très blonde.
○ Lou le ciel est pur aujourd'hui comme une onde
⊐ n cœur le mien te suit jusques au bout du monde

⊢ 'heure est venue Adieu l'heure de ton départ
○ n va rentrer Il est neuf heures moins le quart
⊐ ne deux trois Adieu de Nîmes dans le Gard

4 fév. 1915

Vais acheter une cravache
En peau de porc jaune en couleur
Si je n'en trouve que macache
Prendrai mon fouet de conducteur

Les moutons noirs des nuits d'hiver
S'amènent en longs troupeaux tristes
Les étoiles parsèment l'air
Comme des éclats d'améthystes

Là-bas tu vois les projecteurs
Jouer l'aurore boréale
C'est une bataille de fleurs
Où l'obus est une fleur mâle

Les canons membres génitaux
Engrossent l'amoureuse terre
Le temps est aux instincts brutaux
Pareille à l'amour est la guerre

Écoute au loin les branle-bas
Claquer le drapeau tricolore
Au vent dans le bruit des combats
Qui durent du soir à l'aurore

Salut salut au régiment
Qui va rejoindre les tranchées
Dans le ciel pâle éperdument
Sur lui la victoire est penchée

Mon cœur embrasse les deux fronts
Front de Toutou front de l'armée
Ce qu'ils ont fait nous le ferons
Au revoir ô ma bien-aimée

Sonnet du huit février 1915

Lundi huit février ma biche
　　Ma biche part
Suis inquiet elle s'en fiche
　　Buvons du marc

Vrai qu'au service de l'Autriche
　　(Patate et lard)
Le militaire est très peu riche
　　Je m'en fous car

Il peut bien vivre d'Espérance
　　Même il en meurt
Au doux service de la France

　　Un Artilleur
Mon âme à ta suite s'élance
　　Adieu mon cœur

Poëme du 9 février 1915

Je me regarde dans ce mi
roir
c'est
que
vous
ma
que
res
ses
me
in
se
flüd
mon
me
formet très passionnée!

et
toi
je
tou
me
sen
com
b'
vet
re
da
ri
le

Par ce
t'ange
VIVE LA FRANCE
Bo-jour ma Lou

mon canon de 75 je t'AIMES
amon ner
boîte dans ton Bo baiser que tu AIMES
amour comme
s'il coulissait dans
un rail de tramway
tu es dans un train
lointain tu marches d
pied. il pleut à torse
des grands ressorts
d'horloge qui
sonn

J'élève aussi un monument
un dieu charmant et divin
c'est toi mon po zi
con jui mon ne lit en
el la di as on su
bon me plo di te
je t'ai pui nu se
el ja la clo ze
De vi ma id pri
A ni pie la se
A mont mel pas se
nous qu tu es anni de vivre
qu'il faut immoler sur
l'autel à toi-me même
Lou que ô la divinité
l'ascive que j'implore

le
doux
fe de
con sabre
et
je
t'ai
me
mon
au
trat
que
je
la
jou

Recris-moi toi
cette adorable personne c'est tu
sous le grand chapeau candide
Oui
te touche
O à la plu
au
mon
si j'aime
j'implore
l'air le mirage
de ton fusil a
doré ou comme
à travers un nuage

Lou ques que
me plus
plus fort
c'est ton
coeur
qui
bat

J'ai l'eau
à la bette
à ta Lou plus
je t'ado
se

les oranges
de Berrichières
les meilleures de
la France. elles ont
la saveur de ta chair
chaude comme
le soleil semblable
à ces oran
ges

A BIENTÔT LOU

faut
je t'ai
fut
de jan
hist
la
```
```

Quatre jours mon amour pas de lettre de toi
Le jour n'existe plus le soleil s'est noyé
La caserne est changée en maison de l'effroi
Et je suis triste ainsi qu'un cheval convoyé

Que t'est-il arrivé souffres-tu ma chérie
Pleures-tu Tu m'avais bien promis de m'écrire
Lance ta lettre obus de ton artillerie
Qui doit me redonner la vie et le sourire

Huit fois déjà le vaguemestre a répondu
« Pas de lettres pour vous » Et j'ai presque pleuré
Et je cherche au quartier ce joli chien perdu
Que nous vîmes ensemble ô mon cœur adoré

En souvenir de toi longtemps je le caresse
Je crois qu'il se souvient du jour où nous le vîmes
Car il me lèche et me regarde avec tendresse
Et c'est le seul ami que je connaisse à Nîmes

Sans nouvelles de toi je suis désespéré
Que fais-tu Je voudrais une lettre demain
Le jour s'est assombri qu'il devienne doré
Et tristement ma Lou je te baise la main

Nîmes, le 11 mars 1915.

De toi depuis longtemps je n'ai pas de nouvelles
Mais quels doux souvenirs sont ceux où tu te mêles
Lou mon amour lointain et ma divinité
Souffre que ton dévot adore ta beauté
C'est aujourd'hui le jour de la grande visite
Et Lou mon cher amour nous partirons ensuite
C'est question de jours Je ne te verrai plus
Ils ne reviendront pas les beaux jours révolus

Sais-je mon cher amour si tu m'aimes encore
Les trompettes du soir gémissent lentement
Ta photo devant moi chère Lou je t'adore
Et tu sembles sourire encore à ton amant

J'ignore tout de toi Qu'es-tu donc devenue
Es-tu morte es-tu vive et l'as-tu renié
L'amour que tu promis un jour au canonnier
Que je voudrais mourir sur la rive inconnue

Que je voudrais mourir dans le bel orient
Quand Croisé j'entrerai fier dans Constantinople

Ton image à la main mourir en souriant
Devant la douce mer d'azur et de sinople

O Lou ma grande peine ô Lou mon cœur brisé
Comme un doux son de cor ta voix sonne et resonne
Ton regard attendri dont je me suis grisé
Je le revois lointain lointain et qui s'étonne

Je baise tes cheveux mon unique trésor
Et qui de ton amour furent le premier gage
Ta voix mon souvenir s'éloigne ô son du cor
Ma vie est un beau livre et l'on tourne la page

Et souviens-toi parfois du temps où tu m'aimais

L'heure
Pleure
trois
fois

à treize heures moins le quart on ira chez le major savoir s'il ou ce qu'après à parti la nuit soit oubliée

       Prenons-les par le flanc
       Rantanplan tire lire

Garde-moi bien toutes les lettres que tu m'as écrites
Et dont tu n'es que la dépositaire
Tu dois me les rendre quoi qu'il arrive
A moins que je ne meure
Ce qui se peut fort bien
Mon Lou mon Lou chéri j'ai des baisers plein les lèvres
Je t'en mets sur les yeux sur tes cheveux
Fauves partout partout des baisers affolés
     Amour en cristal de Baccarat
     Amour brisé en mille morceaux
     Quel verrier miraculeux
     Pourrait te raccommoder
J'entends le vent se plaindre au-dessus des garrigues
Et ronfler la caserne aux cent mille fatigues
Un chien pleure à la mort comme mon cœur saignant
Je perds tout sauf l'honneur ainsi qu'à Marignan

J'ai perdu mes amours Où sont-elles allées
Sont-ce elles dont j'entends les plaintes désolées

O tête trop lourde front en feu mes yeux tristes
O pourpres avenirs comme des améthystes
Trajectoires de vie que mon cœur va suivant
Comme un obus lancé qui traverse le vent
La nuit est temps propice à celui qui soupire
J'ai goûté le meilleur je vais goûter le pire
Mais je t'aime ma Lou comme on n'a pas aimé
Et quand tu seras vieille enfant mon cœur mon âme
Souviens-toi quelquefois de moi

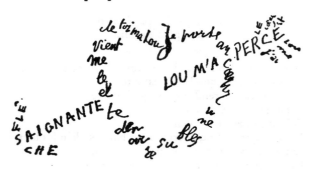

Adieu mon Lou chéri je t'aime infiniment
Si je pars avant de t'avoir revue
Je t'enverrai mon adresse
Et tu m'écriras si tu veux
Adieu mon Lou je baise tes cheveux
Adieu mon Lou Adieu

Faction

Je pense à toi ma Lou pendant la faction
J'ai ton regard là-haut en clignements d'étoiles
Tout le ciel c'est ton corps chère conception
De mon désir majeur qu'attisent les rafales
Autour de ce soldat en méditation

Amour vous ne savez ce que c'est que l'absence
Et vous ne savez pas que l'on s'en sent mourir
Chaque heure infiniment augmente la souffrance
Et quand le jour finit on commence à souffrir
Et quand la nuit revient la peine recommence

J'espère dans le Souvenir ô mon Amour
Il rajeunit il embellit lorsqu'il s'efface
Vous vieillirez Amour vous vieillirez un jour
Le Souvenir au loin sonne du cor de chasse
O lente lente nuit ô mon fusil si lourd

La ceinture

LA MUSE

Depuis longtemps déjà je t'ai laissé tout seul
Cependant me voici t'apportant mon mensonge
Poète sois joyeux tu sembles un linceul
Regarde-moi c'est moi je ne suis pas un songe

LE POÈTE

O Muse je tremblais de ne plus te revoir
Voici ton doux regard voici ta robe ouverte
Et ta ceinture enfin qui me fait concevoir
Un exquis dénouement devant cette mer verte

L'AMOUR

Va ne t'excite pas ta Muse qui revient
Ne t'aime maintenant plus qu'à travers l'espace
Mais prends-lui deux baisers comme un suprême bien
Et sois content surtout puisque tout lasse et passe

LE POÈTE

Mais Amour tu sais bien que je suis maladroit
Dérobe sa ceinture et m'en fais ma couronne
Je me contenterai de penser à l'endroit
Où pressait ce ruban sur sa belle personne

LA MUSE

Poète me voici j'ai deux baisers pour toi
Je t'aimerai toujours d'un amour platonique
Mais toi tu m'appartiens je suis ta seule loi
Et reçois ma ceinture en un don magnifique

LE POÈTE

J'adore ta ceinture ô Muse mon amour
Elle est ronde comme le monde et ta mamelle
Elle est ouverte au centre ainsi ta bouche pour
Rire et longue comme un vers à rime éternelle
Elle est mon art elle est ma vie et ma douleur
Elle est l'illusion elle est toute lumière
Elle la grande beauté la multiple couleur
Et ma muse en second puisque part la première
Elle est ta forme aussi car elle a pris ton corps
Elle a saisi ton corps comme une belle proie
Va-t'en va-t'en là-bas vers les Ests et les Nords
Où t'entraînent l'Amour la Bravoure et la Joie
Et quand je m'en irai là-bas ou bien ailleurs
Ma muse me suivra ta ceinture idéale
Irréel arc-en-ciel aux sept belles couleurs
Qui décorent ce soir le ciel sur la mer pâle

LA MUSE

Adieu je pars adieu tu m'attends à jamais
L'Amour s'impatiente et la nuit va descendre

LE POÈTE

Eh! que m'importe à moi puisque moi je t'aimais
Ce soir j'ai dénoué ta ceinture à jamais
Et toi tu n'as de moi pas même un brin de cendre

L'AMOUR

Espère dans l'Amour Poète il reviendra
Te ramener ta Muse avec sa robe ouverte
Ce que l'Amour a dit Poète il le fera
Adieu la nuit descend et la mer n'est plus verte

LE POÈTE

Adieu petit Amour petit enfant ingrat
Enfin me voici seul dans la nuit incolore
Toi qui n'existes pas CEINTURE je t'adore

L'attente

On attend le moment de gagner la victoire
On espère l'amour on espère la gloire
      On cueille des lilas
Derniers lilas pareils à des baisers très las

On attend des baisers plus doux que cette lune
Et les fleurs du printemps tombent l'une après l'une
La couille de Japonais rôtie et remplie de chiures de
  mouche

Le puceron du rosier

C'est une perspective mieux que celle de Nevsky

Une couleuvre avec un archevêque

Le pape est généralissime

On a joué la Brabançonne et les nerpruns fermaient
  l'horizon

On portait des poteaux télégraphiques de rechange

Les alluvions les plus récentes

O tranchée blanche ouverte comme un œuf à la coque

Les grenouilles immobiles la tête hors de l'étang

Tes cheveux sont aussi doux que des morceaux de sucre

Il y a une horloge qui ne montre que le blanc de l'œil

Tes nichons rempliraient un quart de cavalerie

Escalier en spirale plus beau roman des temps modernes

Elle a des poils en fils de fer barbelés

Narines chevaux de frise

Mais où est le sycophante pour que je revoie

Au moins la figue

Cette petite fille avait le grade de commandant

Toute tatouée des seins exactement comme des bananes

Il y a ici un ancien marin qui a sodomisé un Hindou

Le veau d'or a tiré son coup

La boulangère est avec le Sénégalais

Les cages dorées où sont les Japonaises

Nuit et nuit et les lilas qui meurent

Il faut tourner rapidement en suivant une courbe du
    second degré

Pour revenir aux jours les plus charmants des jours
    passés qui pleurent

                    Un servant
Fait comme Diogène faisait et se branle devant l'Armée

                    Il y a aussi quelqu'un
Qui se fait pomper le cyclope avec une pompe à bicy-
    clette

Et prends bien garde aux Zeppelins
Aux Zeppelins de toute sorte
Ceux des Boches sont pas malins
Ceux des Français sont bien plus pleins
Et prends bien garde aux Zeppelins
Chaque officier français en porte

O naturel désir pour l'homme être roi
On est revêtu de la carte de son royaume
Les fleuves sont des épingles d'acier semblables à tes
    veines où roule l'onde trompeuse de tes yeux
Le cratère d'un volcan qui sommeille mais n'est pas
    éteint
C'est ton sexe brun et plissé comme une rose sèche
Et les pieds dans la mer je fornique un golfe heureux
C'est ainsi que j'aime la liberté
Et je veux qu'elle seule soit la loi des autres
Mais je suis l'ennemi des autres libertés

Train militaire

Nous marchons nous marchons d'un immobile pas
Nous buvons au bidon à la fin du repas
Le dernier arbre en fleurs qu'avant Dijon nous vîmes
(Car c'est fini les fleurs des environs de Nîmes)
Était tout rose ainsi que tes seins virginaux
Ma vie est démodée ainsi que les journaux
D'hier et nous aimons ô femmes vos images
Sommes dans nos wagons comme oiseaux en cages
Te souvient-il encor du brouillard de Sospel
Une fillette avait ton vice originel
Et notre nuit de Vence avant d'aller à Grasse
Et l'hôtel de Menton Tout passe lasse et casse
Et quand tu seras vieille ô ma jeune beauté
Lorsque l'hiver viendra après ton bel été
Lorsque mon nom sera répandu sur la terre
En entendant nommer Guillaume Apollinaire
Tu diras Il m'aimait et t'enorgueilliras
Allons ouvre ton cœur Tu m'as ouvert tes bras

*

Les souvenirs ce sont des jardins sans limite
Où le crapaud module un tendre cri d'azur
La biche du silence éperdu passe vite

Un rossignol meurtri par l'amour chante sur
Le rosier de ton corps où j'ai cueilli des roses
Nos cœurs pendent ensemble au même grenadier
Dont les fleurs de grenade entre nos cœurs écloses
En tombant une à une ont jonché le sentier

*

Les arbres courent fort les arbres courent courent
Et l'horizon vient à la rencontre du train
Et les poteaux télégraphiques s'énamourent
Ils bandent comme un cerf vers le beau ciel serein
Ainsi beau ciel aimé chère Lou que j'adore
Je te désire encore ô paradis perdu
Tous nos profonds baisers je me les remémore
Il fait un vent tout doux comme un baiser mordu
Après des souvenirs des souvenirs encore

Il y a

Il y a des petits ponts épatants
Il y a mon cœur qui bat pour toi
Il y a une femme triste sur la route
Il y a un beau petit cottage dans un jardin
Il y a six soldats qui s'amusent comme des fous
Il y a mes yeux qui cherchent ton image
Il y a un petit bois charmant sur la colline
Et un vieux territorial pisse quand nous passons
Il y a un poète qui rêve au ptit Lou
Il y a un ptit Lou exquis dans ce grand Paris
Il y a une batterie dans une forêt
Il y a un berger qui paît ses moutons
Il y a ma vie qui t'appartient
Il y a mon porte-plume réservoir qui court qui court
Il y a un rideau de peupliers délicat délicat
Il y a toute ma vie passée qui est bien passée
Il y a des rues étroites à Menton où nous nous sommes
    aimés
Il y a une petite fille de Sospel qui fouette ses camarades
Il y a mon fouet de conducteur dans mon sac à avoine
Il y a des wagons belges sur la voie
Il y a mon amour
Il y a toute la vie
Je t'adore

Mourmelon-le-Grand, 6 avril 1915.

Ma Lou je coucherai ce soir dans les tranchées
Qui près de nos canons ont été piochées
C'est à douze kilomètres d'ici que sont
Ces trous où dans mon manteau couleur d'horizon
Je descendrai tandis qu'éclatent les marmites
Pour y vivre parmi nos soldats troglodytes
Le train s'arrêtait à Mourmelon le Petit
Je suis arrivé gai comme j'étais parti
Nous irons tout à l'heure à notre batterie
En ce moment je suis parmi l'infanterie
Il siffle des obus dans le ciel gris du nord
Personne cependant n'envisage la mort

★

Et nous vivrons ainsi sur les premières lignes
J'y chanterai tes bras comme les cols des cygnes
J'y chanterai tes seins d'une déesse dignes
Le lilas va fleurir Je chanterai tes yeux
Où danse tout un chœur d'angelots gracieux
Le lilas va fleurir ô printemps sérieux

Mon cœur flambe pour toi comme une cathédrale
Et de l'immense amour sonne la générale
Pauvre cœur pauvre amour Daigne écouter le râle
Qui monte de ma vie à ta grande beauté
Je t'envoie un obus plein de fidélité
Et que t'atteigne ô Lou mon baiser éclaté

*

Mes souvenirs ce sont ces plaines éternelles
Que virgulent ô Lou les sinistres corbeaux
L'avion de l'amour a refermé ses ailes
Et partout à la ronde on trouve des tombeaux

*

Et ne me crois pas triste et ni surtout morose
Malgré toi malgré tout je vois la vie en rose
Je sais comment reprendre un jour mon petit Lou
Fidèle comme un dogue avec des dents de loup
Je suis ainsi mon Lou mais plus tenace encore
Que n'est un aigle alpin sur le corps qu'il dévore

*

Quatre jours de voyage et je suis fatigué
Mais que je suis content d'être parti de Nîmes
Aussi mon Lou chéri je suis gai je suis gai
Et je ris de bonheur en t'écrivant ces rimes

★

Cette boue est atroce aux chemins détrempés
Les yeux des fantassins ont des lueurs navrantes
Nous n'irons plus au bois les lauriers sont coupés
Les amants vont mourir et mentent les amantes

★

J'entends le vent gémir dans les sombres sapins
Puis je m'enterrerai dans la mélancolie
O ma Lou tes grands yeux étaient mes seuls copains
N'ai-je pas tout perdu puisque mon Lou m'oublie

★

Dix-neuf cent quinze année où tant d'hommes sont
    morts
Va-t'en va-t'en va-t'en aux Enfers des Furies
Jouons jouons aux dés les dés marquent les sorts
J'entends jouer aux dés les deux artilleries

★

Adieu petite amie ô Lou mon seul amour
        O mon esclave enfuie
Notre amour qui connut le soleil pas la pluie
        Fut un instant trop court

La mer nous regardait de son œil tendre et glauque
　　　　Et les orangers d'or
Fructifiaient pour nous Ils fleurissent encor
　　　　Et j'entends la voix rauque

Des canons allemands crier sur Mourmelon
　　　　— Appel de la tranchée —
O Lou ma rose atroce es-tu toujours fâchée
　　　　Avec des yeux de plomb

★

O Lou Démone-Enfant aux baisers de folie
Je te prends pour toujours dans mes bras ma jolie

★

Deux maréchaux des logis jouent aux échecs en riant
Une diablesse exquise aux cheveux sanglants se signe
　　à l'eau bénite
Quelqu'un lime une bague avec l'aluminium qui se
　　trouve dans la fusée des obus autrichiens
Un képi de fantassin met du soleil sur cette tombe
Tu portes au cou ma chaîne et j'ai au bras la tienne
Ici on sable le champagne au mess des sous-officiers
Les Allemands sont là derrière les collines
Les blessés crient comme Ariane
O noms plaintifs des joies énormes
Rome Nice Paris Cagnes Grasse Vence Sospel Menton
　　Monaco Nîmes

Un train couvert de neige apporte à Tomsk en Sibérie
   des nouvelles de la Champagne
Adieu mon petit Lou adieu
Adieu Le ciel a des cheveux gris

Mon très cher petit Lou je t'aime
Ma chère petite étoile palpitante je t'aime
Corps délicieusement élastique je t'aime
Vulve qui serre comme un casse-noisette je t'aime
Sein gauche si rose et si insolent je t'aime
Sein droit si tendrement rosé je t'aime
Mamelon droit couleur de champagne non champa-
    gnisé je t'aime
Mamelon gauche semblable à une bosse du front d'un
    petit veau qui vient de naître je t'aime
Nymphes hypertrophiées par tes attouchements
    fréquents je vous aime
Fesses exquisement agiles qui se rejettent bien en
    arrière je vous aime
Nombril semblable à une lune creuse et sombre je
    t'aime
Toison claire comme une forêt en hiver je t'aime
Aisselles duvetées comme un cygne naissant je vous
    aime
Chute des épaules adorablement pure je t'aime
Cuisse au galbe aussi esthétique qu'une colonne de
    temple antique je t'aime
Oreilles ourlées comme de petits bijoux mexicains je
    vous aime
Chevelure trempée dans le sang des amours je t'aime

Pieds savants pieds qui se raidissent je vous a.
Reins chevaucheurs reins puissants je vous aim
Taille qui n'a jamais connu le corset taille souple je
    t'aime
Dos merveilleusement fait et qui s'est courbé pour moi
    je t'aime
Bouche ô mes délices ô mon nectar je t'aime
Regard unique regard-étoile je t'aime
Mains dont j'adore les mouvements je vous aime
Nez singulièrement aristocratique je t'aime
Démarche onduleuse et dansante je t'aime
O petit Lou je t'aime je t'aime je t'aime

I

Le ciel est étoilé par les obus des Boches
La forêt merveilleuse où je vis donne un bal
La mitrailleuse joue un air à doubles croches
Mais avez-vous le mot — Mais oui le mot fatal —
Aux créneaux aux créneaux laissez là les pioches

On sonne GARDE A VOUS rentrez dans vos maisons
CŒUR obus éclaté qui sifflait sa romance
Je ne suis jamais seul voici les deux caissons
Tous les dieux de mes yeux s'envolent en silence
Nous vous aimons ô Vie et nous vous agaçons

Les obus miaulaient un amour à mourir
Les amours qui s'en vont sont plus doux que les autres
Il pleut Bergère il pleut et le sang va tarir
Les obus miaulaient Entends chanter les nôtres
Pourpre Amour salué par ceux qui vont périr

Le Printemps tout mouillé la Veilleuse l'Attaque
Il pleut mon âme il pleut mais il pleut des yeux morts

Ulysse que de jours pour rentrer dans Ithaque
Couche-toi sur la paille et songe un beau remords
Qui PUR EFFET DE L'ART soit aphrodisiaque

II

Je t'écris ô mon Lou de la hutte en roseaux
Où palpitent d'amour et d'espoir neuf cœurs d'hommes
Les canons font partir leurs obus en monômes
Et j'écoute gémir la forêt sans oiseaux

Il était une fois en Bohême un poète
Qui sanglotait d'amour puis chantait au soleil
Il était autrefois la comtesse A*lou*ette
Qui sut si bien mentir qu'il en perdit la tête
En perdit sa chanson en perdit le sommeil

Un jour elle lui dit Je t'aime ô mon poète
Mais il ne la crut pas et sourit tristement
Puis s'en fut en chantant Tire-lire A*lou*ette
Et se cachait au fond d'un petit bois charmant

Un soir en gazouillant son joli tire-lire
La comtesse A*lou*ette arriva dans le bois
Je t'aime ô mon poète et je viens te le dire
Je t'aime pour toujours Enfin je te revois
Et prends-la pour toujours mon âme qui soupire

O cruelle A*lou*ette au cœur dur de vautour
Vous mentîtes encore au poète crédule

J'écoute la forêt gémir au crépuscule
La comtesse s'en fut et puis revint un jour
Poète adore-moi moi j'aime un autre amour

Il était une fois un poète en Bohême
Qui partit à la guerre on ne sait pas pourquoi
Voulez-vous être aimé n'aimez pas croyez-moi
Il mourut en disant Ma comtesse je t'aime
Et j'écoute à travers le petit jour si froid
Les obus s'envoler comme l'amour lui-même

III

Te souviens-tu mon Lou de ce panier d'oranges
Douces comme l'amour qu'en ce temps-là nous fîmes
Tu me les envoyas un jour d'hiver à Nîmes
Et je n'osai manger ces beaux fruits d'or des anges

Je les gardai longtemps pour les manger ensemble
Car tu devais venir me retrouver à Nîmes
De mon amour vaincu les dépouilles opimes
Pourrirent J'attendais Mon cœur la main me tremble

Une petite orange était restée intacte
Je la pris avec moi quand à six nous partîmes
Et je l'ai retrouvée intacte comme à Nîmes
Elle est toute petite et sa peau se contracte

Et tandis que les obus passent je la mange
Elle est exquise ainsi que mon amour de Nîmes

O soleil concentré riche comme mes rimes
O savoureux amour ô ma petite orange

Les souvenirs sont-ils un beau fruit qu'on savoure
Le mangeant j'ai détruit mes souvenirs opimes
Puissé-je t'oublier mon pauvre amour de Nîmes
J'ai tout mangé l'orange et la peau qui l'entoure

Mon Lou pense parfois à la petite orange
Douce comme l'amour le pauvre amour de Nîmes
Douce comme l'amour qu'en ce temps-là nous fîmes
Il me reste une orange
                    un cœur un cœur étrange

IV

Tendres yeux éclatés de l'amante infidèle
            Obus mystérieux
Si tu savais le nom du beau cheval de selle
            Qui semble avoir tes yeux

Car c'est Loulou mon Lou que mon cheval se nomme
            Un alezan brûlé
Couleur de tes cheveux cul rond comme une pomme
            Il est là tout sellé

Il faut que je reçoive ô mon Lou la mesure
            Exacte de ton doigt
Car je veux te sculpter une bague très pure
            Dans un métal d'effroi

XXXV

13 avril 1915.

Agent de liaison

Le 12 avril 1915 tormoha
L'ombre d'un homme et d'un cheval au galop se profile
    sur le mur
O sons Harmonie Hymne de la petite église bombardée
    tous les jours
Un harmonium y joue et l'on n'y chante pas
Mon cœur est comme l'horizon où tonne et se prolonge
La canonnade ardente de cent mille passions
Ah! miaulez Ah! miaulez les chats d'enfer
Le 12 avril 1915
O ciel ô mon beau ciel gemmé de canonnades
Le ciel faisait la roue comme un phénix qui flambe
Paon lunaire rouant Ainsi-soit-il
On disait du soleil Mahomet Mahomet
Je suis un cri d'humanité
Je suis un silence militaire
Dans un bois de bouleaux de hêtres de noisetiers
Ensoleillé comme si un trusteur y avait jeté ses banques
Je me suis égaré
Canonnier n'entendez-vous pas ronfler deux avions
    boches
Mettez votre cheval dans le bois Inutile de le faire
    repérer

Adieu mon bidet noir
Un pont d'osier et de roseaux un autre un autre
Une grenouille saute
Y a-t-il encore des petites filles qui sautent à la corde
Ah! petites filles Y a-t-il encore des petites filles
Le soleil caressait les mousses délicates
Un lièvre courageux levait le derrière
Ah! petites et grandes filles
Il vaut mieux être cocu qu'aveugle
Au moins on voit ses confrères
Enfermons-nous ensemble en mon âme
O mon amour chéri qui portes un masque aveugle
Une petite fille nue t'en souviens-tu
      T'en souviens-tu
Étouffait une colombe blanche sur sa poitrine
      Et me regardait d'un air innocent
      Tandis que palpitait sa victime
Soldat Te souviens-tu du soir Tu étais au théâtre
      Dans la loge d'un ambassadeur
Et cette jeune femme pâle et glorieuse
      Te branla pendant le spectacle
Dis-moi soldat dis-moi t'en souviens-tu
Te souviens-tu du jour où l'on te demanda la schlague
      Devant la mer furieuse
Dis-moi Guillaume dis-moi t'en souviens-tu
Après les ponts le sentier Attention à la branche
      Brisée
Ah! Brise-toi mon cœur comme une trahison
      Et voilà la Branche brisée
Un carré de papier blanc sur un buisson à droite
      Où est le carré de papier blanc
Et me voici devant une cabane
      Que précède un luxe florissant

De tulipes et de narcisses
A droite canonnier et suivez le sentier
Enfin je ne suis plus égaré
Plus égaré

Plus égaré
Tu peux faire mon Lou tout ce que tu voudras
Tu ne me mettras plus mon Lou dans l'embarras
Une baïonnette dont on ne sait si elle est boche fran-
çaise ou anglaise sert de tisonnier

Entends chanter les flammes dans la petite lune

Vous avez un laissez-passer
Agent de liaison
Le mot
C'était c'était La Ville où Lou je t'ai connue
O Lou mon vice
Le 12 avril 1915
Un agent de liaison traversait au galop un terrain
découvert
Puis le soir venu il grava sur la bague
Gui aime Lou
Le 12 avril 1915 Tormoha Manitangène
Lamahona
Lamahonette
Un homme de ma batterie pêchait dans le canal
Y a partout des sentinelles
Baïonnette au canon devant le commandant d'armes
Je m'en fous amenez-moi votre lieutenant

Enfin je me tirai de cette infanterie
Je ne sais pas comment
Te souviens-tu du jour où cette fille sage
S'arracha quatre dents
Afin de te donner un précieux témoignage
De son amour ardent
L'ombre d'un cavalier et d'un cheval s'allonge sur le sol
La villa du Cafard est dans le bois de X
Les chatons des noisetiers nuancent les mousses
Et les lichens sont pâles
Comme les joues de Lou quand elle jouit
Quel prince du Bengale donne un feu d'artifice cette
nuit
Et puis
Et puis
Et puis je t'aime

XXXVI

O Lou ma très chérie
Faisons donc la féerie
De vivre en nous aimant
        Étrangement
        Et chastement

Nous ferons des voyages
Nous verrons des parages
Tout pleins de volupté
        Des ciels d'été
        Et ta beauté

Mes mains resteront pures
Mon cœur a ses blessures
Que tu me panseras
        Puis dans mes bras
        Tu dormiras

Par de jolis mensonges
Des faux semblants des songes
Tu feras qu'éveillé
        Ait sommeillé
        Émerveillé

Ce cerveau que je donne
Pour ta grâce ô démone
O pure nudité
    De la CLARTÉ
    Du pâle été

Ainsi j'évoque celle
Qui te prendra ma belle
Par l'Art magicien
    Très ancien
    Que je sais bien

Les philtres les pentacles
Les lumineux spectacles
T'apportent agrandis
    Les Paradis
    Les plus maudits

Nous aurons je te jure
Une volupté pure
Sans ces attouchements
    Que font déments
    Tous les amants

Et purs comme des anges
Nous dirons les louanges
De ta grande beauté
    Dans ma *Clarté*
    De Pureté

Douce douce est ma peine
Ce soir je t'aime à peine
Mon cœur fini l'hiver
    Il vient d'Enfer
    Du feu du fer

J'ai charmé la blessure
De cette bouche impure
Aime ma chasteté
    C'est la *Clarté*
    De ta beauté

XXXVII

Mon cœur j'ai regardé longtemps ce soir
        Devant l'écluse
L'étoile ô Lou qui fait mon désespoir
        Mais qui m'amuse

O ma tristesse et mon ardeur Lou mon amour
        Les jours s'écoulent
Les nuits s'en vont comme s'en va le jour
        Les nuits déroulent

Le chapelet sacrilège des obus boches
        C'est le printemps
Et les oiseaux partout font leurs bamboches
        On est contents

On est contents au bord de la rivière
        Dans la forêt
On est contents La mort règne sur terre
        Mais l'on est prêt

On est prêt à mourir pour que tu vives
        Dans le bonheur
Les obus ont brûlé les fleurs lascives
        Et cette fleur

Qui poussait dans mon cœur et que l'on nomme
Le souvenir
Il reste bien de la fleur son fantôme
C'est le désir

Il ne vient que la nuit quand je sommeille
Vienne le jour
Et la forêt d'or s'ensoleille
Comme l'Amour

Les nuages s'en vont courir les mondes
Quand irons-nous
Courir aussi tous deux les grèves blondes
Puis à genoux

Prier devant la vaste mer qui tremble
Quand l'oranger
Mûrit le fruit doré qui te ressemble
Et sans bouger

Écouter dans la nuit l'onde cruelle
Chanter la mort
Des matelots noyés en ribambelle
O Lou tout dort

J'écris tout seul à la lueur tremblante
D'un feu de bois
De temps en temps un obus se lamente
Et quelquefois

C'est le galop d'un cavalier qui passe
   Sur le chemin
Parfois le cri sinistre de l'agace
   Monte Ma main

Dans la nuit trace avec peine ces lignes
   Adieu mon cœur
Je trace aussi mystiquement les signes
   Du Grand Bonheur

O mon amour mystique ô Lou la vie
   Nous donnera
La délectation inassouvie
   On connaîtra

Un amour qui sera l'amour unique
   Adieu mon cœur
Je vois briller cette étoile mystique
   Dont la couleur

Est de tes yeux la couleur ambiguë
   J'ai ton regard
Et j'en ressens une blessure aiguë
   Adieu c'est tard

Mon Lou ma chérie Je t'envoie aujourd'hui la première
    pervenche
Ici dans la forêt on a organisé des luttes entre les
    hommes
Ils s'ennuient d'être tout seuls sans femme faut bien
    les amuser le dimanche
Depuis si longtemps qu'ils sont loin de tout ils savent
    à peine parler
Et parfois je suis tenté de leur montrer ton portrait
    pour que ces jeunes mâles
            Réapprennent en voyant ta photo
            Ce que c'est que la beauté
Mais cela c'est pour moi c'est pour moi seul
Moi seul ai droit de parler à ce portrait qui pâlit
A ce portrait qui s'efface
Je le regarde parfois longtemps une heure deux heures
Et je regarde aussi les 2 petits portraits miraculeux
            Mon cœur
La bataille des aéros dure toujours
La nuit est venue
        Quelle triste chanson font dans les nuits profondes
        Les obus qui tournoient comme de petits mondes
M'aimes-tu donc mon cœur et ton âme bien née
Veut-elle du laurier dont ma tête est ornée
J'y joindrai bien aussi de ces beaux myrtes verts

Couronne des amants qui ne sont pas pervers
En attendant voici que le chêne me donne
          La guerrière couronne

Et quand te reverrai-je ô Lou ma bien-aimée
Reverrai-je Paris et sa pâle lumière
Trembler les soirs de brume autour des réverbères
Reverrai-je Paris et les sourires sous les voilettes
Les petits pieds rapides des femmes inconnues
La tour de Saint-Germain-des-Prés
La fontaine du Luxembourg
Et toi mon adorée mon unique adorée
Toi mon très cher amour

Au soleil
J'ai sommeil
Lou je t'aime
Mon poème
Te redit
Ce lundi
Que je t'aime
Lou Loulou
Me regarde
Ce ptit loup
Se hasarde
A venir
Voir courir
Sur ma lettre
Le crayon
Voudrais être
Un rayon
Qui visite
Mon ptit Lou
Vite vite
Je te quitte
Et vais vite
Sur Loulou

Un rossignol en mal d'amour
Chante et rechante tour à tour
Sur le mode
Majeur
Puis le mode mineur
Et je voudrais qu'il prît le ton de l'ode
Afin de te chanter à ce déclin de jour
Ma très chère ptit Lou toi ma très chère amour

Scène nocturne
du 22 avril 1915

GUI CHANTE POUR LOU

Mon ptit Lou adoré Je voudrais mourir un jour que
tu m'aimes
Je voudrais être beau pour que tu m'aimes
Je voudrais être fort pour que tu m'aimes
Je voudrais être jeune jeune pour que tu m'aimes
Je voudrais que la guerre recommençât pour que tu
m'aimes
Je voudrais te prendre pour que tu m'aimes
Je voudrais te fesser pour que tu m'aimes
Je voudrais te faire mal pour que tu m'aimes
Je voudrais que nous soyons seuls dans une chambre
d'hôtel à Grasse pour que tu m'aimes
Je voudrais que nous soyons seuls dans mon petit
bureau près de la terrasse couchés sur le lit de fumerie
pour que tu m'aimes
Je voudrais que tu sois ma sœur pour t'aimer incestueu-
sement
Je voudrais que tu eusses été ma cousine pour qu'on
se soit aimés très jeunes
Je voudrais que tu sois mon cheval pour te chevaucher
longtemps longtemps

Je voudrais que tu sois mon cœur pour te sentir toujours en moi
Je voudrais que tu sois le paradis ou l'enfer selon le lieu où j'aille
Je voudrais que tu sois un petit garçon pour être ton précepteur
Je voudrais que tu sois la nuit pour nous aimer dans les ténèbres
Je voudrais que tu sois ma vie pour être par toi seule
Je voudrais que tu sois un obus boche pour me tuer d'un soudain amour

LILITH ET PROSERPINE (AUX ENFERS)

Nous nous aimons sauvagement dans la nuit noire
Victimes de l'ascèse et produits du désespoir
Chauves-souris qui ont leurs anglais comme les femmes

LE PTIT LOU

Faut pas parler comm' ça on dit coulichonnette

LILITH

J'ai créé la mer Rouge contre le désir de l'homme

PROSERPINE

J'ai fait sortir de son lit le Léthé
J'en inonde le monde comme d'un hippomane

Je suis l'éternité
Mort belle de la Beauté
Je mords la mirabelle de l'Été
Flambant Phénix de la Charité
Pélican de la prodigalité
Aigle cruel de la Vérité
Rouge-gorge de la sanglante clarté
Corbeau de la sombre bonté
Qu'est devenu le moine hébété

LA PRIÈRE

Abaissement qui élève
Le maître fut l'élève
Aimer n'être pas aimé

Fumée belle fumée

LA JOIE

Ah Ah Ah Ah
Je commande et mande
Je nais du mal à Samarcande

Mais il ne faut pas que j'attende

LE REMORDS

Toutes deux appelez-moi votre père
Et l'Art est notre fils multiforme
Je m'ouvre la poitrine Entrez c'est votre demeure
Il y a une horloge qui sonne les heures

LA 45ᵉ BATTERIE DU 38ᵉ

Les chevaux hennissent Éteignez les lumières
Les caissons sont chargés Empêchez les hommes de
dormir
Entends miauler les tigres volants de la guerre

GUI

Je pense à toi ma Lou et ne pense pas à dormir

LE PTIT LOU

Je suis dans ton dodo et de loin près de toi

LE MONDE ou bien LES GENS DU MONDE

Mon petit Lou je veux te reprendre
Oublie tes soldats pour mes fêtes

L'AVENIR

Lou et Gui et vous Toutou faut que voyez tous trois
    De merveilleux rivages
  Une ville enchantée comme Cordoue
En Andalousie les gens simples séduits par votre cœur
    Et votre fantaisie
Vous donneront des fleurs des cannes à sucre
  Vous pourrez voir encore plus loin si vous voulez
  La Nature des tropiques
Une ville blanche à vingt minutes de la ville un petit
  pays sur la mer avec de belles maisons dans des parcs
Vous louerez un palais où de toutes les fenêtres
  Lou touchera les palmes avec ses mains
Les chevreaux les ânes les mules ravissantes
    Comme des femmes
Et aussi expressives quant au regard seront avec
  vous

GUI

L'avenir m'intéresse et mon amour surtout
Mais l'art et les artistes futurs ne m'intéressent pas
  A Paris il y aura la Seine
  Et le regard de mon ptit Lou

CHŒUR DES JEUNES FILLES MORTES EN 1913

  Quand les belles furent au bois
  Chacune tenait une rose
  Et voilà qu'on revient du bois
  N'avons plus rien entre les doigts

  Et les jeunes gens de naguère
  S'en vont ne se retournent pas
  Ceux qui nous aimèrent naguère
  Emportent la rose à la guerre

  O mort mène-nous dans le bois
  Pour retrouver la rose morte
  Et le rossignol dans le bois
  Chante toujours comme autrefois

Amour-Roi
Dites-moi
La si belle
Colombelle
Infidèle
Qu'on appelle
Petit Lou
Dites où
Donc est-elle
Et chez qui
—Mais chez Gui

[XLIII]

XLIV

La nuit
S'achève
Et Gui
Poursuit
Son rêve
Où tout
Est Lou
On est en guerre
Mais Gui
N'y pense guère
La nuit
S'étoile et la paille se dore
Il songe à Celle qu'il adore

Nuit du 27 avril 1915.

XLV

28 avril 1915.

Jolie bizarre enfant chérie
Je vois tes doux yeux langoureux
Mourir peu à peu comme un train qui entre en gare
Je vois tes seins tes petits seins au bout rose
Comme ces perles de Formose
Que j'ai vendues à Nice avant de partir pour Nîmes
Je vois ta démarche rythmée de Salomé plus capricieuse
Que celle de la ballerine qui fit couper la tête au Bap-
tiste
Ta démarche rythmée comme un acte d'amour
Et qui à l'hôpital auxiliaire où à Nice
Tu soignais les blessés
T'avait fait surnommer assez justement la chaloupeuse
Je vois tes sauts de carpe aussi la croupe en l'air
Quand sous la schlague tu dansais une sorte de kolo
Cette danse nationale de la Serbie

*

Jolie bizarre enfant chérie
Je sens ta pâle et douce odeur de violette

Je sens la presqu'imperceptible odeur de muguet de tes
    aisselles
Je sens l'odeur de fleur de marronnier que le mystère
    de tes jambes
Répand au moment de la volupté
Parfum presque nul et que l'odorat d'un amant
Peut seul et à peine percevoir
Je sens le parfum de rose rose très douce et lointaine
Qui te précède et te suit ma rose

*

Jolie bizarre enfant chérie
Je touche la courbe singulière de tes reins
Je suis des doigts ces courbes qui te font faite
Comme une statue grecque d'avant Praxitèle
Et presque comme une Ève des cathédrales
Je touche aussi la toute petite éminence si sensible
Qui est ta vie même au suprême degré
Elle annihile en agissant ta volonté tout entière
Elle est comme le feu dans la forêt
Elle te rend comme un troupeau qui a le tournis
Elle te rend comme un hospice de folles
Où le directeur et le médecin-chef deviendraient
Déments eux-mêmes
Elle te rend comme un canal calme changé brusque-
    ment
En une mer furieuse et écumeuse
Elle te rend comme un savon satiné et parfumé
Qui mousse soudain dans les mains de qui se lave

Jolie bizarre enfant chérie
Je goûte ta bouche ta bouche sorbet à la rose
Je la goûte doucement
Comme un khalife attendant avec mépris les Croisés
Je goûte ta langue comme un tronçon de poulpe
Qui s'attache à vous de toutes les forces de ses ven-
    touses
Je goûte ton haleine plus exquise que la fumée
Tendre et bleue de l'écorce du bouleau
Ou d'une cigarette de Nestor Gianaklis
Ou cette fumée sacrée si bleue
Et qu'on ne nomme pas

★

Jolie bizarre enfant chérie
J'entends ta voix qui me rappelle
Un concert de bois musette hautbois flûtes
Clarinettes cors anglais
Lointain concert varié à l'infini
Tu te moques parfois et il faut qu'on rie
O ma chérie
Et si tu parles gentiment
C'est le concert des anges
Et si tu parles tristement c'est une satane triste
Qui se plaint
D'aimer en vain un jeune saint si joli
Devant son nimbe vermeil
Et qui baisse doucement les yeux
Les mains jointes

Et qui tient comme une verge cruelle
La palme du martyre

★

Jolie bizarre enfant chérie
Ainsi les cinq sens concourent à te créer de nouveau
Devant moi
Bien que tu sois absente et si lointaine
O prestigieuse
O ma chérie miraculeuse
Mes cinq sens te photographient en couleurs
Et tu es là tout entière
Belle
Câline
Et si voluptueuse
Colombe jolie gracieuse colombe
Ciel changeant ô Lou ô Lou
Mon adorée
Chère chère bien-aimée
Tu es là
Et je te prends toute
Bouche à bouche
Comme jadis
Jolie bizarre enfant chérie

XLVI

Rêverie

Ici-bas tous les lilas meurent
Je rêve aux printemps qui demeurent
      Toujours
Ici-bas les lèvres effleurent
Sans rien laisser de leur velours
Je rêve aux baisers qui demeurent
      Toujours

Poème du ptit Lou

I

Le vrai mon Enfant c'est ton Rêve
Tout meurt mon Cœur la joie est brève
      Ici
Mais celui que l'Amour élève
Est délivré de ce souci
Pour lui toujours dure le Rêve
      Ici
Amours passés fleur qui se fane
Illusion pour le profane
      Mais nous
Broutons la Rose comme l'Ane
Rose qui jamais ne se fane
      Pour nous

II

Un seul bouleau crépusculaire
Sur le mont bleu de ma Raison
Je prends la mesure angulaire
Du cœur à l'âme et l'horizon

C'est le galop des souvenances
Parmi les lilas des beaux yeux
Et les canons des indolences
Tirent mes songes vers les cieux

III

Ton amour ma chérie m'a fait presqu'infini
Sans cesse tu épuises mon esprit et mon cœur
Et me rends faible comme une femme
Puis comme la source emplit la fontaine
Ton amour m'emplit de nouveau
De tendre amour d'ardeur et de force infinie

IV

C'était un temps béni nous étions sur les plages
— Va-t'en de bon matin pieds nus et sans chapeau —
Et vite comme va la langue d'un crapaud
Se décollaient soudain et collaient les collages

Dis l'as-tu vu Gui au galop
Du temps qu'il était militaire
Dis l'as-tu vu Gui au galop
Du temps qu'il était artiflot
    À la guerre

C'était un temps béni le temps du vaguemestre
— On est bien [plus] serré que dans un autobus —
Et des astres passaient que singeaient les obus
Quand dans la nuit survint la batterie équestre

Dis l'as-tu vu Gui au galop
Du temps qu'il était militaire
Dis l'as-tu vu Gui au galop
Du temps qu'il était artiflot
        À la guerre

C'était un temps béni jours vagues et nuits vagues
Les marmites donnaient aux rondins des cagnats
Quelque aluminium où tu t'ingénias
A limer jusqu'au soir d'invraisemblables bagues

Dis l'as-tu vu Gui au galop
Du temps qu'il était militaire
Dis l'as-tu vu Gui au galop
Du temps qu'il était artiflot
        À la guerre

Je rêve de revoir mon ptit Lou pour toujours
O nuances des frondaisons pendant les matins lourds
Creux où joue le jour comme aux cassures d'un velours

O temps souffre qu'en moi-même je retourne en arrière
Dans les commencements de cette longue guerre
Voici la mer et les palmiers
Et cette grande place où tu la vis naguère
        Sous son grand canotier

O temps reviendra-t-il le temps où nos deux âmes
Comme deux avions ennemis se rencontreront
Pour l'idéal combat où mon Lou tu réclames
        La verge d'Aaron

Puisque tu es cœur éternel La FEMME
        Et que je te connais
Onde qui fuit porte sur rien insaisissable flamme
        Ou gamin pied de nez

Ou bien ô mon cher cœur tu es cette musique
Qui monte nuit et jour du creux des bois profonds
Et tes bras blancs levés en geste prophétique
        Annoncent ce que font

Et tout ce que feront les longs troupeaux des hommes
Venus sous ton regard chargé de volupté
Te crier leur Désir dire ce que nous sommes
       Et ce qu'avons été

Puis s'en aller mourir par le matin livide
Afin que tes beaux yeux aient le droit de choisir
L'esclave le plus beau pour orner ton lit vide
       Afin de t'assouvir

Et s'en aller mourir par le matin livide
Afin que ton caprice ait le droit de choisir
L'esclave encor plus beau pour orner le lit vide
       Selon ton bon plaisir

O Lou je te revois sur la grand-place à Nice
       Dans le matin ambré
Un obus vient mourir sur le canon factice
       Que les Boches ont repéré

En allant chercher des obus

Toi qui précèdes le long convoi qui marche au pas
Dans la nuit claire
Les testicules pleins, le cerveau tout empli d'images
    neuves
Le sergent des riz pain sel qui jette l'épervier dans le
    canal bordé de tilleuls
L'âme exquise de la plus Jolie me parvient dans l'odeur
    soudaine des lilas qui déjà tendent à défleurir dans
    les jardins abandonnés

*

Des Bobosses poudreux reviennent des tranchées
    blanches comme les bras de l'Amour

*

Je rêve de t'avoir nuit et jour dans mes bras
Je respire ton âme à l'odeur des lilas

*

O Portes de ton corps
Elles sont neuf et je les ai toutes ouvertes

O Portes de ton corps
Elles sont neuf et pour moi se sont toutes refermées
A la première porte
La Raison Claire est morte
C'était t'en souviens-tu le premier jour à Nice
Ton œil de gauche ainsi qu'une couleuvre glisse
Jusqu'à mon cœur
Et que se rouvre encore la porte de ton regard de
    gauche

A la seconde porte
Toute ma force est morte
C'était t'en souviens-tu dans une auberge à Cagnes
Ton œil de droite palpitait comme mon cœur
Tes paupières battent comme dans la brise battent les
    fleurs
Et que se rouvre encore la porte de ton regard de droite

A la troisième porte
Entends battre l'aorte
Et toutes mes artères gonflées par ton seul amour
Et que se rouvre encore la porte de ton oreille de
    gauche

A la quatrième porte
Tous les printemps m'escortent
Et l'oreille tendue entends du bois joli
Monter cette chanson de l'amour et des nids
Si triste pour les soldats qui sont en guerre
Et que se rouvre encore la porte de ton oreille de droite

A la cinquième porte
C'est ma vie que je t'apporte
C'était t'en souviens-tu dans le train qui revenait de
    Grasse
Et dans l'ombre tout près tout bas
Ta bouche me disait
Des mots de damnation si pervers et si tendres
Que je me demande ô mon âme blessée
Comment alors j'ai pu sans mourir les entendre
O mots si doux si forts que quand j'y pense il me semble
    que je les touche
Et que s'ouvre encore la porte de ta bouche

A la sixième porte
Ta gestation de putréfaction ô Guerre avorte
Voici tous les printemps avec leurs fleurs
Voici les cathédrales avec leur encens
Voici tes aisselles avec leur divine odeur
Et tes lettres parfumées que je sens
Pendant des heures
Et que se rouvre encore la porte de ta narine de gauche

A la septième porte
O parfums du passé que le courant d'air emporte
Les effluves salins donnaient à tes lèvres le goût de la
    mer
Odeur marine odeur d'amour sous nos fenêtres mou-
    rait la mer
Et l'odeur des orangers t'enveloppait d'amour
Tandis que dans mes bras tu te pelotonnais
Quiète et coite
Et que se rouvre encore la porte de ta narine de droite

A la huitième porte
Deux anges joufflus veillent sur les roses tremblantes
  qui supportent
Le ciel exquis de ta taille élastique
Et me voici armé d'un fouet fait de rayons de lune
Les amours couronnés de jacinthe arrivent en troupe
Et que se rouvre encore la porte de ta croupe

A la neuvième porte
Il faut que l'amour même en sorte
Vie de ma vie
Je me joins à toi pour l'éternité
Et par l'amour parfait et sans colère
Nous arriverons dans la passion pure ou perverse
Selon ce qu'on voudra
A tout savoir à tout voir à tout entendre
Je me suis renoncé dans le secret profond de ton amour
O porte ombreuse ô porte de corail vivant
Entre les deux colonnes de perfection
Et que se rouvre encore la porte que tes mains savent
  si bien ouvrir

XLIX

L'amour le dédain et l'espérance

Je t'ai prise contre ma poitrine comme une colombe
    qu'une petite fille étouffe sans le savoir
Je t'ai prise avec toute ta beauté ta beauté plus riche que
    tous les placers de la Californie ne le furent au temps
    de la fièvre de l'or
J'ai empli mon avidité sensuelle de ton sourire de tes
    regards de tes frémissements
J'ai eu à moi à ma disposition ton orgueil même quand
    je te tenais courbée et que tu subissais ma puissance
    et ma domination
J'ai cru prendre tout cela ce n'était qu'un prestige
Et je demeure semblable à Ixion après qu'il eut fait
    l'amour avec le fantôme de nuées fait à la semblance
    de celle qu'on appelle Héra ou bien Junon l'invisible
Et qui peut prendre qui peut saisir des nuages qui peut
    mettre la main sur un mirage et qu'il se trompe
    celui-là qui croit emplir ses bras de l'azur céleste
J'ai bien cru prendre toute ta beauté et je n'ai eu que
    ton corps
Le corps hélas n'a pas l'éternité
Le corps a la fonction de jouir mais il n'a pas l'amour
Et c'est en vain maintenant que j'essaie d'étreindre ton
    esprit
Il fuit il me fuit de toutes parts comme un nœud de
    couleuvres qui se dénoue

Et tes beaux bras sur l'horizon lointain sont des ser-
   pents couleur d'aurore qui se lovent en signe d'adieu
Je reste confus je demeure confondu
Je me sens las de cet amour que tu dédaignes
Je suis honteux de cet amour que tu méprises tant

Le corps ne va pas sans l'âme
Et comment pourrais-je espérer rejoindre ton corps de
   naguère puisque ton âme était si éloignée de moi
Et que le corps a rejoint l'âme
Comme font tous les corps vivants
O toi que je n'ai possédée que morte

★

Et malgré tout cependant que parfois je regarde au loin
   si vient le vaguemestre
Et que j'attends comme un délice ta lettre quotidienne
   mon cœur bondit comme un chevreuil lorsque je
   vois venir le messager
Et j'imagine alors des choses impossibles puisque ton
   cœur n'est pas avec moi
Et j'imagine alors que nous allons nous embarquer
   tous deux tout seuls peut-être trois et que jamais
   personne au monde ne saurait rien de notre cher
   voyage vers rien mais vers ailleurs et pour toujours
Sur cette mer plus bleue encore plus bleue que tout le
   bleu du monde
Sur cette mer où jamais l'on ne crierait Terre
Pour ton attentive beauté mes chants plus purs que
   toutes les paroles monteraient plus libres encore que
   les flots

Est-il trop tard mon cœur pour ce mystérieux voyage
La barque nous attend c'est notre imagination
Et la réalité nous rejoindra un jour
      Si les âmes se sont rejointes
Pour le trop beau pèlerinage

*

Allons mon cœur d'homme la lampe va s'éteindre
Verses-y ton sang
Allons ma vie alimente cette lampe d'amour
Allons canons ouvrez la route
Et qu'il arrive enfin le temps victorieux le cher temps
    du retour

*

Je donne à mon espoir mes yeux ces pierreries
Je donne à mon espoir mes mains palmes de victoire
Je donne à mon espoir mes pieds chars de triomphe
Je donne à mon espoir ma bouche ce baiser
Je donne à mon espoir mes narines qu'embaument les
    fleurs de la mi-mai
Je donne à mon espoir mon cœur en ex-voto
Je donne à mon espoir tout l'avenir qui tremble comme
    une petite lueur au loin dans la forêt

L

Les attentives

Celui qui doit mourir ce soir dans les tranchées
C'est un petit soldat dont l'œil indolemment
Observe tout le jour aux créneaux de ciment
Les Gloires qui de nuit y furent accrochées
Celui qui doit mourir ce soir dans les tranchées
C'est un petit soldat mon frère et mon amant

Et puisqu'il doit mourir je veux me faire belle
Je veux de mes seins nus allumer les flambeaux
Je veux de mes grands yeux fondre l'étang qui gèle
Et mes hanches je veux qu'elles soient des tombeaux
Car puisqu'il doit mourir je veux me faire belle
Dans l'inceste et la mort ces deux gestes si beaux

Les vaches du couchant meuglent toutes leurs roses
L'Aile de l'oiseau bleu m'évente doucement
C'est l'heure de l'Amour aux ardentes névroses
C'est l'heure de la Mort et du dernier serment
Celui qui doit périr comme meurent les roses
C'est un petit soldat mon frère et mon amant

*

Mais Madame écoutez-moi donc
Vous perdez quelque chose

    — C'est mon cœur pas grand-chose
        Ramassez-le donc

Je l'ai donné je l'ai repris
Il fut là-bas dans les tranchées
Il est ici j'en ris j'en ris
Des belles amours que la mort a fauchées

★

L'espoir flambe ce soir comme un pauvre village
Et qu'importe le Bagne ou bien le Paradis
L'amour qui surviendra me plaira davantage
Et mes yeux sont-ce pas de merveilleux bandits

Puis quand malgré l'amour un soir je serai vieille
Je me rappellerai la mer les orangers
Et cette pauvre croix sous laquelle sommeille
Un cœur parmi des cœurs que la gloire a vengés

★

       Et tandis que la lune luit
       Le cœur chante et rechante lui
       Mesdames et Mesdemoiselles
       Je suis bien mort Ah quel ennui
       Et ma maîtresse que n'est-elle
           Morte en m'aimant la nuit

*

Mais écoutez-les donc les mélopées
Ces médailles si bien frappées
Ces cloches d'or sonnant des glas
Tous les muguets tous les lilas

Ce sont les morts qui se relèvent
Ce sont les soldats morts qui rêvent
Aux amours qui s'en sont allés
Immaculés
Et désolés

*

— Le 13 mai de cette année
Tandis que dans les boyaux blancs
Tu passais masquée ô mon âme
Tu vis tout d'un coup les morts et les vivants
Ceux de l'arrière ceux de l'avant
Les soldats et les femmes
Un train passe rapide dans la prairie en Amérique
Les vers luisants brillent cette nuit autour de moi
Comme si la prairie était le miroir du ciel
        Étoilé
Et justement un ver luisant palpite
Sous l'Étoile nommée Lou
Et c'est de mon amour le corps spirituel
        Et terrestre
Et l'âme mystique
        Et céleste

LI

Silence bombardé par les froides étoiles
O mon amour tacite et noir
Lamente-toi puis soudain éclate en sanglots
Là-bas voici les blanches voiles
Des projecteurs jetés aux horizons d'espoir
Où la terre est creusée ainsi que sont les flots

*

. . . .
Adieu la nuit
Tous les oiseaux du monde
Ont fait leur nid
Et chantent à la ronde
. . . .

*

Ptit Lou je connais bien malgré tout ta douceur
En suivant le Printemps tous les jours sur la route
En me baignant le front dans cette ombreuse odeur
Qui me vient des jardins où je te revois toute
Ainsi je gagnerai le grand cœur embaumé

De l'univers tiède et doux comme ta bouche
Et son tendre visage au bout de la mi-mai
S'offre à moi tout à coup langoureux sur sa couche
De pétales d'iris de grappes de lilas
Ptit Lou d'Amour je sens à mon cou tes bras roses
Cette île de corail qui sort de tes yeux las
Et que sur l'océan de l'Amour tu disposes

*

Tu me demandes trop d'aimer sans être aimé
      Tu me demandes trop peut-être
Disait en souriant le doux soleil de mai
A la belle fenêtre
Tu veux que chaque jour
Les longs rayons de mon amour
T'illuminent mon cœur ainsi qu'une caresse
      Et toi toi que me donnes-tu
        Turlututu
      Dit la fenêtre
Écoute-moi soleil mon maître
      Je ne suis belle que par toi
      J'existe par ta lumière
A part l'obscurité de la chambre ma foi
Je ne possède rien de rien pénètre-moi
Et tout à coup je deviens belle et je suis claire

Ainsi ma tendre Lou parlèrent le Soleil
      Et l'ombreuse fenêtre
Soudain ce fut la nuit Il vint à disparaître
      Elle mourut aussi dans un obscur sommeil

Comme un Phénix Il renaquit toujours pareil
  Et son amant La vit renaître

  A cette fable il ne faut pas
  Chercher une morale

J'entends du bruit ce sont les rats qui pas à pas
Tournent autour de ma cabane en la nuit pâle
  Tournent en rond
  Et je te baise
Sur ton beau sein fait d'une rose et d'une fraise
  Et tu me baises sur le FRONT

LII

Pétales de pivoine
Trois pétales de pivoine
Rouges comme une pivoine
Et ces pétales me font rêver

Ces pétales ce sont
Trois belles petites dames
A peau soyeuse et qui rougissent
De honte
D'être avec des petits soldats

Elles se promènent dans le bois
Et causent avec les sansonnets
Qui leur font cent sonnets

Elles montent en aéroplane
Sur de belles libellules électriques
Dont les élytres chatoient au soleil

Et les libellules qui sont
De petites diablesses
Font l'amour avec les pivoines

C'est un joli amour contre nature
Entre demoiselles et dames

Trois pétales dans la lettre
Trois pétales de pivoine

*

Quand je fais pour toi mes poèmes quotidiens et variés
Lou je sais bien pourquoi je suis ici
A regarder fleurir l'obus à regarder venir la torpille
      aérienne
A écouter gauler les noix des véhémentes mitrailleuses

Je chante ici pour que tu chantes pour que tu danses
Pour que tu joues avec l'amour
Pour que tes mains fleurissent comme des roses
Et tes jambes comme des lys
Pour que ton sommeil soit doux

*

Aujourd'hui Lou je ne t'offre en bouquet poétique
Que les tristes fleurs d'acier
Que l'on désigne par leur mesure en millimètres
(Où le système métrique va-t-il se nicher)
On l'applique à la mort qui elle ne danse plus
Mais survit attentive au fond des hypogées

*

Mais trois pétales de pivoine
Sont venus comme de belles dames
En robe de satin grenat
Marquise
Quelle robe exquise
Comtesse
Les belles f...es
Baronne
Écoutez la Mort qui ronronne
Trois pétales de pivoine
Me sont venus de Paris

C'est le sifflet dont je me sers
Sur le théâtre de la guerre
Pour siffler les Boches en Vers
En Prose et de toute manière

Et que Lou siffle en ce sifflet
Pour appeler son grand Toutou
A Gui l'An neuf Et mon poulet
Souhaite à Lou l'amour partout

Lou ma rose

Lou tu es ma rose
Ton derrière merveilleux n'est-ce pas la plus belle rose
Tes seins tes seins chéris ne sont-ce pas des roses
Et les roses ne sont-ce pas de jolis ptits Lous
Que l'on fouette comme la brise
Fustige les fesses des roses dans le jardin
               Abandonné
Lou ma rose ou plutôt mes roses
Tu m'as envoyé des feuilles de rose
          O petite déesse
        Tu crées les roses
     Et tu fais les feuilles de roses
         Roses
Petites femmes à poil qui se baladent
         Gentiment
Elles se balancent en robe de satin
       Sur des escarpolettes
Elles chantent le plus beau parfum le plus fort le plus
   doux
Lou ma rose ô ma perfection je t'aime
Et c'est avec joie que je risque de me piquer
        En faveur de ta beauté
Je t'aime je t'adore je mordille tes feuilles de rose
       Rose reine des fleurs Lou reine des femmes
Je te porte au bout des doigts ô Lou ô rose

Au bout des doigts en te faisant menotte
Jusqu'à ce que tu t'évanouisses
Comme s'évanouit le parfum
Des roses
Je t'embrasse ô Lou et je t'adore

Lou mon étoile

L'étoile nommée Lou est aussi belle aussi voluptueuse
  qu'une jolie fille vicieuse
Elle est assise dans un météore agencé comme une auto-
  mobile de luxe
Autour d'elle se tiennent les autres étoiles ses amies
Autour de l'automobile stellaire s'étend l'infini éthéré
Les Planètes rutilantes se montrent tour à tour comme
  des déesses callipyges sur l'horizon
La voie Lactée monte comme une poussière derrière
              Le météore automobile
Des guirlandes d'astres décorent l'infini
              Le météore automobile luxueux et archi-
  tectural
              Comme un palais
Est monté sur un bolide énorme qui tonne à travers les
  cieux qu'il sillonne d'éclairs
Versicolores et durables comme de merveilleux feux
  de Bengale
              Et doux comme des baisers éternels
Et des rayons de soleil ombragent
              Ainsi de beaux arbres
                   Printaniers
              La route diaphane
O Lou étoile nommée Lou la plus belle des étoiles
              O reine des Étoiles

Ton royaume s'étend en plaines animées comme les
    oiseaux
En plaines mouvantes comme un régiment
        De Fantassins nomades
Étoile Lou beau sein de neige rose
        Petit nichon exquis de la douce nuit
Clitoris délectable de la brise embaumée d'Avant
    l'Aube
Les autres astres sont ridicules et sont tes bouffons
        Ils jouent pour toi des comédies
        Fantasmagoriques
Ils font les fous pour que l'Étoile nommée Lou ne
    s'embête pas
        Et parfois les nuits sont mortelles
        L'étoile nommée Lou
        Traverse des prairies d'asphodèles
        Et des fantômes infidèles
        Pleuvent dans les abîmes autour d'elle
Mais cette nuit est si belle
    Je ne vois que l'étoile que j'aime
        Elle est la splendeur du firmament
        Et je ne vois qu'elle
Elle est un petit trou charmant aux fesses des nuages
        Elle est l'étoile des Étoiles
        Elle est l'étoile d'Amour
O nuit ô nuit dure toujours ainsi
        Mais voici
Les gerbes des obus en déroute
        Qui me voilent
        Mon étoile
Je baisse les yeux vers les ténèbres de ma forêt
        Et mon intelligence amoureuse
        Devient oiseau

Pour aller revoir plus haut plus haut
Plus haut toujours
Ce petit cœur bleuâtre
Qu'est mon étoile nommée Lou
Ma douce étoile qui fait vibrer au ciel
Des mots d'amour exquis
Qui viennent en lents airs dolents qui correspondent
nuance à nuance à chaque chose que je pense
Étoile Lou fais-moi monter vers toi
Prends-moi dans ta splendeur
Que je sois ébloui et presque épouvanté
Que l'espace bleu se creuse à l'infini
Que l'horizon disparaisse
Que tous les astres grandissent
Et pour finir fais-moi pénétrer dans ton paradis
Que j'éprouve une sensation
De bien-être inouï
Que j'absorbe par toute ma chair toute mon âme
Ta lumière exquise
O mon paradis

LVII

[*Le servant de Dakar*]

1915
Soldats
de Faïence
et d'esca-
z Bond
AMOUR

C'est

C'est la réalité des photos qui sont sur mon cœur que
    je veux
Cette réalité seule elle seule et rien d'autre
Mon cœur le répète sans cesse comme une bouche
    d'orateur et le redit
        A chaque battement
Toutes les autres images du monde sont fausses
        Elles n'ont pas d'autre apparence que celle des
        fantômes
Le monde singulier qui m'entoure métallique végétal
        Souterrain
          O vie qui aspire le soleil matinal
Cet univers singulièrement orné d'artifices
    N'est-ce point quelque œuvre de sorcellerie
        Comme on pouvait l'étudier autrefois
          A Tolède
Où fut l'école diabolique la plus illustre
        Et moi j'ai sur moi un univers plus précis plus
        certain
        Fait à ton image

Oriande

La fée Oriande vivait dans son château de Rose-Fleur
C'est ici quand ce fut le déclin du printemps l'édification
    des Roses
Oriande y dort comme un parfum venu dans la dernière
    lettre et qui repose
           Sur mon cœur
Entre les deux pétales de cette vernale rose
          Mais c'est l'été maintenant
Oriande y vivait dans son château de Rose-Fleur
            Tourné comme nous et l'église vers l'orient
Et c'est le soir des roses
Les vieilles paroles sont mortes au dernier printemps
Des harmonies puissantes et nouvelles jaillissent de
    mon cœur
          Mais Oriande écrit un L
          Au ciel
Résigne-toi mon cœur où le sort t'a fixé
Et l'été passera Le printemps a passé
          Mais Oriande écrit un O
          En haut
Et j'accorde mon luth comme l'on bande un arc
          Mais Oriande écrit un U
          Sur le ciel nu
Le ciel d'un bleu profond d'un bleu nocturne
D'un bleu qui s'épaissit en souhaits en amour

En puissante joie
Et de mon cœur de poète
De mon cœur qui est la Rose
Oriande ruisselle
Onde parfumée des chansons
Où tu aimes à tremper ton âme
Tandis que la fée s'endort
Oriande s'endort dans son château de Rose-
Fleur

A mon Tiercelet

Terrible Aquilan de Mayogre
Il me faudrait un petit noc
Car j'ai faim d'amour comme un ogre
Et je ne trouve qu'un faucon

Cote 146

Plus de fleurs mais d'étranges signes
Gesticulant dans les nuits bleues
Dans une adoration suprême mon beau ptit Lou que
    tout mon être pareil aux nuages bas de juillet s'incline
    devant ton souvenir
Il est là comme une tête de plâtre blanche éperdument
    auprès d'un anneau d'or
Dans le fond s'éloignent les vœux qui se retournent
    quelquefois
Entends jouer cette musique toujours pareille tout le
    jour
Ma solitude splénétique qu'éclaire seul le lointain
           Et puissant projecteur de mon amour
J'entends la grave voix de la grosse artillerie boche
Devant moi dans la direction des boyaux
Il y a un cimetière où l'on a semé quarante-six mille
    soldats
Quelles semailles dont il faut sans peur attendre la
    moisson
           C'est devant ce site désolé s'il en fut
Que tandis que j'écris ma lettre appuyant mon papier
    sur une plaque de fibro ciment
Je regarde aussi un portrait en grand chapeau
           Et quelques-uns de mes compagnons ont vu
           ton portrait

Et pensant bien que je te connaissais
Ils ont demandé
Qui donc est-elle
Et je n'ai pas su que leur répondre
Car je me suis aperçu brusquement
Qu'encore aujourd'hui je ne te connais pas bien
Et toi dans ta photo profonde comme la lumière tu
souris toujours

O délicate bûcheronne
A damner tous les bûcherons
Quel est le matou qui ronronne
En zieutant tes jolis seins ronds

Et moi qui croyais ma parole
Que ce chat c'était un Toutou
Menotte aussi joue un beau rôle
Décidément des chats partout

J'aurai mesure de ta bague
Semaine des quatre jeudis
(Tu vois je prends tout à la blague)
Ou bien après la guerre dis

Le papillon qui n'a qu'une aile
S'est envolé ne l'ai pas vu
Mais ton image est là si belle
Me voilà de Douceur pourvu

Ode

Lou Toutou soyez remerciés
Puisque par votre amour je ne suis pas seul
Et je nais de chacune de vos étreintes
Pensée vivante qui jaillit de vous
Lou Toutou je suis votre petit enfant
Je tiens à vous à Lou par le cordon ombilical
Jeté sur la terre de France des Vosges à la mer
Ainsi nous sommes unis par la chair et les tranchées
Nous sommes unis par la vie et par la mort
Bénie soit aussi cette guerre qui m'unit à votre douceur
Avant on ne parlait que de paix
Et l'amour s'en allait peu à peu de nos cœurs et de la
    terre
Aujourd'hui c'est l'amour éperdu où s'accolent
        Tous les grands peuples
        L'Amour cette guerre
        La vraie guerre

Tant de choses nous séparaient
C'était la paix la vilaine paix
Mais nous avons senti tout à coup
Qu'il fallait nous rapprocher nous unir
        Pour nous aimer ô noble guerre
        O noble ô noble amour

Amour sacré qui flamboie et fume
Sur les hypogées tandis que râlent les projectiles
Nous ne combattons point pour conserver la vie
Nous menons l'Amour en grande pompe
      Vers la mort
      Vers le [seuil] suprême
      Où veille la guerrière mort

Ainsi Toutou nous défendons Lou
C'est la grâce c'est-à-dire ce qu'il y a de plus rare
      Dans l'idée de Beauté

Rien n'est plus noble que ce combat
      Esthétique et sublime
    Toutou Lou écoutez-moi
    Aimez-moi

A la partie la plus gracieuse

Toi qui regardes sans sourire
Et de face en tournant le dos
Tu me sembles un beau navire
Voiles dehors et quels dodos

Promet cet édredon de neige
Neige rose de Mézidon
Mars et Vénus le reverrai-je
Cet édredon de Cupidon

O gracieuse et callipyge
Tous les culs sont de la Saint-Jean
Le tien leur fait vraiment la pige
Déesse aux collines d'argent

D'argent qui serait de la crème
Et des feuilles de rose aussi
Aussi belle croupe je t'aime
Et ta grâce est mon seul souci

Bientôt bientôt finira l'oût
Reverrai-je mon petit Lou
Mais nous voici vers la mi-août
Ton chat dirait-il miaou
En me voyant ou bien coucou
Et mon cœur pend-il à ton cou
Dieu qu'il fut heureux ce Toutou
Pouvoir fourrer son nez partout
Mais je n'en suis pas jaloux
Les toutous n'font pas d'mal aux loups

Les fleurs rares

FABLE

Entreprenant un long voyage
Ptit Lou hanté par l'histoire de Jussieu
Au lieu d'un petit cèdre prit Quoi donc Je gage
Qu'on ne devinera pas ce que Dieu
Fit prendre à mon ptit Lou une fleur rare
Dont elle ferait don aux serres de Paris
La fleur était sans prix
Et Dame Lou voyant qu'elle en valait la peine
Froissa pour la cueillir sa jupe de futaine
Mais en passant dans la forêt
Allant prendre son train à la ville prochaine
Ptit Lou vit sous un chêne
Une autre fleur Plus belle encore elle paraît
La première fleur tombe
Et la forêt devient sa tombe
Tandis que mon ptit Lou d'un air rêveur
A cueilli la seconde fleur
Et l'entoure de sa sollicitude
Arrivant à la station
Après une montée un peu rude
Pour s'y reposer de sa lassitude
Avec satisfaction
Ptit Lou s'assied dans le jardin du chef de gare
Tiens dit-elle une fleur Elle est encor plus rare
Et sans précaution

Ma bergère
Abandonna la timide fleur bocagère
Et cueillit la troisième fleur
Cheu Cheu Pheu Pheu Cheu Cheu Pheu Pheu
Le train arrive
Et puis repart pour regagner *l'Intérieur*
Mais dans le train la fleur se fane et Lou pensive
S'en va chez la fleuriste en arrivant
Ces rares fleurs j'en vais rêvant
Elles sont si rares Madame
Que je n'en tiens plus sur mon âme
La fleuriste s'exprime ainsi
Et Lou dut se contenter d'un souci
Que lui refuse
Sans lui donner d'excuse
Le directeur (un personnage réussi)
Des serres de la ville
De Paris
Malgré tous les pleurs et les cris
De Lou qui dut jeter cette fleur inutile
Et Lou du
Vilain personnage
Quittant le bureau dut
Entreprendre à rebours l'horticole voyage

Je crois qu'il est sage
De nous arrêter
A la morale suivante sans insister

Des Lous et de leurs fleurs il ne faut discuter
Et je n'en dis pas davantage

Le toutou et le gui

SECONDE FABLE

Un gentil toutou vit un jour un brin de gui
      Tombé d'un chêne
Il allait lever la patte dessus sans gêne
      Quand sa maîtresse qui
L'observe l'en empêche et d'un air alangui
      Ramasse le gui
Gui jappe le toutou pour toi c'est une veine
      Qu'est-ce qui donc te la valut
Vous êtes cher toutou fidèle et résolu
        Et c'est pourquoi votre maîtresse
        Vous aime avec tendresse
        Lui répond
        La plante des Druides
        Pour la tendresse à vous le pompon
Mais moi je suis l'amour à grandes *gui*des
      Je suis le bonheur
La plus rare des fleurs ô toutou mon meilleur
Compagnon puisque plante je n'ai pas de fleur
Vous êtes l'idéal et je porte bonheur
      Et leur
      Maîtresse
Étendue avec paresse
Effeuillant indifféremment de belles fleurs
      Aux mille couleurs
      Aux suaves odeurs

Feint de ne pas entendre
Le toutou jaser avec le gui Leurs
Propos la font sourire et nos rêveurs
Imaginent de comparer leurs deux bonheurs
Cependant qu'Elle les regarde d'un air tendre
Puis se levant soudain auprès d'eux vient s'étendre
Le toutou pour sa part eut bien plus (à tout prendre)
De baisers que le gui
Qui tout alangui
Entre deux jolis seins ne peut rien entreprendre
Mais se contente bien ma foi
De son trône digne d'un roi
Il jouit des baisers les voyant prendre
Et les voyant rendre
Sans rien prétendre

Morale

Il ne faut pas chercher à comprendre

Troisième fable

Le ptit Lou s'ébattait dans un joli parterre
Où poussait la fleur rare et d'autres fleurs itou
Et Lou cueillait les fleurs qui se laissaient bien faire
Mais distraite pourtant elle en semait partout
    Et perdait ce qu'elle aime

Morale

On est bête quand on sème

Lorsque deux nobles cœurs se sont vraiment aimés
Leur amour est plus fort que la mort elle-même
Cueillons les souvenirs que nous avons semés
Et l'absence après tout n'est rien lorsque l'on s'aime

Pressentiment d'Amérique

Mon enfant si nous allions en Amérique dont j'ai tou-
    jours rêvé
Sur un vaisseau fendant la mer des Antilles
Et accompagné par une nuée de poissons volants dont
    les ailes nageoires palpitent de lumière
Nous suivrons le fleuve Amazone en cherchant sa fée
    d'île en île
Nous entrerons dans les grands marécages où des
    forêts sont noyées
Salue les constrictors Entrons dans les reptilières
Ouïs l'oie oua-oua les singes hurlent les oiseaux cloches
Vagues du Prororoca l'immense mascaret
Le dieu de ces immensités les Andes les pampas
Est dans mon sein aujourd'hui mer végétale
Millions de grands moutons blonds qui s'entrepour-
    suivent
Les condors survenant neiges des Cordillères

O cahutes d'ici nos pauvres reptilières
Quand dira-t-on la guerre de naguère

LXXII

[*Les feux du bivouac*]

LXXIII

[*Tourbillon de mouches*]

LXXIV

[*L'adieu du cavalier*]

LXXV

Épigramme

Mon adorable jardinière
Toi qui voudrais savoir pourquoi
Nul ne tape sur ton derrière
Ne sais-tu donc pas comme moi
Qu'il ne faut pas battre une femme

Et même avec une Fleur Rare oui Madame

LXXVI

Roses guerrières

Fête aux lanternes en acier
Qu'il est charmant cet éclairage
Feu d'artifice meurtrier
Mais on s'amuse avec courage

Deux fusants rose éclatement
Comme deux seins que l'on dégrafe
Tendent leurs bouts insolemment
Il sut aimer Quelle épitaphe

Un poète dans la forêt
Regarde avec indifférence
Son revolver au cran d'arrêt
Des roses mourir en silence

Roses d'un parc abandonné
Et qu'il cueillit à la fontaine
Au bout du sentier détourné
Où chaque soir il se promène

Il songe aux roses de Sâdi
Et soudain sa tête se penche
Car une rose lui redit
La molle courbe d'une hanche

L'air est plein d'un terrible alcool
Filtré des étoiles mi-closes
Les obus pleurent dans leur vol
La mort amoureuse des roses

★

Toi qui fis à l'amour des promesses tout bas
Et qui vis s'engager pour ta gloire un poète
O rose toujours fraîche ô rose toujours prête
Je t'offre le parfum horrible des combats

Toi qui sans défleurir sans mourir succombas
O rose toujours fraîche au vent qui la maltraite
Fleuris tous les espoirs d'une armée qui halète
Embaume tes amants masqués sur leurs grabats

Il pleut si doucement pendant la nuit si tendre
Tandis que monte en nous cet effluve fatal
Musicien masqué que nul ne peut entendre

Je joue un air d'amour aux cordes de cristal
De cette douce pluie où s'apaise mon mal
Et que les cieux sur nous font doucement descendre

VIE ET ŒUVRE
DE GUILLAUME APOLLINAIRE

26 août 1880 : Naissance à Rome de Guillaume de Kostrowitzky. Sa mère, Angélique, est une jeune Polonaise, fille d'un émigré. Son père, qui ne s'est pas fait connaître, est selon toute vraisemblance un ancien officier du royaume des Deux-Siciles, François Flugi d'Aspermont.

1885 : Abandonnée par Flugi d'Aspermont, Angélique s'installe à Monaco avec ses deux fils, Guillaume et Albert, ce dernier né en 1882.

1889-1897 : Études à Monaco, Cannes, puis Nice; en 1896-97, Guillaume est élève de rhétorique; il n'obtient pas le baccalauréat à la fin de l'année.

Août 1897-décembre 1898 : Vie sans contrainte à Monaco. Lectures abondantes; nombreux essais littéraires.

Janvier 1899 : La famille quitte Monaco; après des séjours à Aix-les-Bains et à Lyon, elle s'installe à Paris en avril.

Juillet-octobre 1899 : Les deux frères sont à Stavelot, dans les Ardennes belges, non loin de Spa où leur mère cherche la fortune. Guillaume découvre un pays nouveau, s'intéresse aux légendes et aux particularités locales, s'initie au wallon, conte fleurette à Marie (prononcez Mareye en wallon) Dubois. Il écrit beaucoup. Le 5 octobre, à l'instigation de leur mère déjà rentrée à Paris, Guillaume et son frère quittent Stavelot en cachette sans payer la note d'hôtel.

Fin 1899-août 1901 : Tout en cherchant à gagner sa vie, Guillaume fréquente les bibliothèques parisiennes et travaille intensément.

Printemps 1901 : Déconvenue sentimentale auprès de Linda, la sœur de son ami Ferdinand Molina da Silva.

Août 1901 : Il accompagne en Allemagne, avec un contrat d'un an, la famille de la petite Gabrielle de Milhau, dont il est le précepteur depuis le mois de mai. Séjours sur la rive droite du

Rhin à Honnef et dans la résidence de Mme de Milhau, Neu Gluck, près d'Oberpleis. Dès les premières semaines de son arrivée, il écrit de nombreux poèmes et des textes en prose. Il est amoureux de la miss de son élève, la blonde Anglaise Annie Playden.

15 septembre 1901 : Ses premiers poèmes imprimés, *Lunaire*, *Épousailles* et *Ville et cœur*, paraissent dans *La Grande France*.

Février-mai 1902 : Long voyage en Europe centrale : Berlin, Dresde, Prague, Vienne, Munich, l'Allemagne du Sud.

Mars 1902 : Son conte *L'Hérésiarque* paraît dans *La Revue blanche*, signé Guillaume Apollinaire. Collaboration régulière à cette revue jusqu'à sa disparition en avril 1903.

Mai-août 1902 : Fin du séjour en Allemagne. Annie le repousse et il souffre de son refus.

Octobre 1902 : De retour à Paris, Apollinaire est employé de banque. Il est plein de projets littéraires et collabore à *L'Européen*.

Printemps 1903 : Il fréquente les soirées de *La Plume* ; il y rencontre notamment Alfred Jarry et André Salmon. *La Plume* publie deux de ses poèmes, le 1er mai et le 1er août.

Novembre 1903 : Premier numéro du *Festin d'Ésope*, revue qu'il a fondée avec quelques amis et qui paraîtra régulièrement chaque mois jusqu'en août 1904.

Voyage à Londres dans l'intention de reconquérir Annie, qui ne se laisse pas fléchir.

1904 : La famille Kostrowitzky s'installe au Vésinet. Apollinaire rencontre Derain et Vlaminck à Chatou.

Mai 1904 : Second voyage à Londres. Rupture définitive avec Annie, qui part pour l'Amérique.

1905 : Rencontre avec Max Jacob et Picasso.

Mai 1905 : Article sur *Picasso peintre* dans *La Plume*.

Décembre 1905 : Premier numéro de la revue *Vers et prose*, à laquelle il collabore.

15 avril 1907 : Apollinaire s'installe à Paris rue Léonie.

Mai 1907 : Il rencontre Marie Laurencin.

Juillet-décembre 1907 : Apollinaire, qui a abandonné son emploi, vit de sa plume. Intense activité journalistique. Deux romans érotiques, *Les Mémoires d'un jeune don Juan* et *Les Onze Mille Verges*.

Novembre 1907 : Début de sa collaboration à *La Phalange*, qui durera jusqu'en avril 1909.

25 avril 1908 : Conférence sur la jeune poésie au salon des Indé·
pendants : *La Phalange nouvelle.*

Janvier 1909 : Apollinaire commence à publier aux *Marges* des
articles (bientôt suivis de poèmes) qu'il signe Louise Lalanne;
cette mystification ne sera révélée qu'à la fin de l'année. Il
donne aussi à cette revue sa série des *Contemporains pitto-
resques.*

1er mai 1909 : *La Chanson du mal-aimé* dans le *Mercure de France.*

Juillet 1909 : Publication de *L'Œuvre du marquis de Sade* dans la
collection des « Maîtres de l'amour », à laquelle il collaborera
régulièrement jusqu'en 1914, ainsi qu'à la collection voisine
du « Coffret du bibliophile ».

Octobre 1909 : Apollinaire s'installe à Auteuil.

Novembre 1909 : Publication de *L'Enchanteur pourrissant.*

1910 : Entrée à *L'Intransigeant.* Publication d'une anthologie,
Le Théâtre italien, dans l' « Encyclopédie littéraire illustrée ».

Octobre 1910 : Publication de *L'Hérésiarque et Cie.*

Mars 1911 : Publication du *Bestiaire ou cortège d'Orphée.*

1er avril 1911 : Première *Vie anecdotique* dans le *Mercure de France.*
Il tiendra jusqu'à sa mort cette chronique créée pour lui.

7-12 septembre 1911 : Incarcération à la Santé sous l'inculpation
de recel dans l'affaire des statuettes volées au Louvre par
Géry Pieret, qui avait été déclenchée par le vol de la Joconde.

Février 1912 : Premier numéro des *Soirées de Paris,* revue fondée
sur l'initiative d'André Billy. *Le Pont Mirabeau* dans ce numéro.

Juin 1912 : Marie Laurencin l'abandonne et refuse toute réconci-
liation. Crise morale et sentimentale.

Décembre 1912 : *Zone* dans *Les Soirées de Paris.*

Janvier 1913 : Apollinaire quitte Auteuil pour l'appartement
qu'il gardera jusqu'à sa mort, 202, boulevard Saint-Germain.
Il s'intéresse de plus en plus à l'avant-garde littéraire et
artistique. Il va à Berlin avec Robert Delaunay pour une
exposition de ce dernier; le catalogue s'ouvre sur le poème
Les Fenêtres.

Mars 1913 : Publication des *Peintres cubistes.*

Avril 1913 : Publication d'*Alcools* et d'un volume presque
entièrement rédigé par René Dalize, mais signé Guillaume
Apollinaire, *La Rome des Borgia.*

29 juin 1913 : *L'Antitradition futuriste,* manifeste pour Marinetti.

Novembre 1913 : Après une brève éclipse, *Les Soirées de Paris*
reparaissent, plus résolument orientées vers l'art nouveau

Mars 1914 : Publication de *La Fin de Babylone ;* la même année paraîtra *Les Trois don Juan.*

Juin 1914 : Premier calligramme : *Lettre-océan,* dans *Les Soirées de Paris.*

Septembre 1914 : Apollinaire, qui a l'intention de s'engager, est à Nice. Il rencontre Louise de Coligny-Châtillon.

5 décembre 1914 : Après une démarche au bureau du Recrutement, il est affecté au 38ᵉ régiment d'artillerie de campagne à Nîmes et rejoint immédiatement son corps.

7 décembre : Louise de Coligny-Châtillon — Lou — qui jusqu'alors a repoussé ses avances avec une coquetterie ambiguë, va le retrouver à Nîmes et passe une semaine avec lui.

Janvier-mars 1915 : Apollinaire poursuit à Nîmes son instruction militaire. Il est déçu par Lou, qui le laisse sans espoir. Ils continueront néanmoins de s'écrire, jusqu'en janvier 1916.

4 avril 1915 : Départ pour la Champagne; nommé brigadier quelques jours après son arrivée sur le front.

15 avril : Il écrit à une jeune fille rencontrée dans un train le 2 janvier, Madeleine Pagès. C'est le début d'une correspondance qui prendra rapidement un tour tendre (elle a été publiée sous le titre *Tendre comme le souvenir*).

Juin 1915 : *Case d'armons,* tiré à 25 exemplaires sur gélatine.

10 août : Apollinaire demande à Mᵐᵉ Pagès la main de sa fille et il est agréé comme fiancé.

24 août 1915 : Nommé maréchal des logis à compter du 1ᵉʳ septembre.

20 novembre 1915 : Muté dans l'infanterie sur sa demande avec le grade de sous-lieutenant; affecté au 96ᵉ régiment de ligne en position sur le front de Champagne.

26 décembre 1915-10 janvier 1916 : Permission à Oran dans la famille de Madeleine.

9 mars 1916 : Publication du décret accordant à Apollinaire la nationalité française.

17 mars 1916 : Remonté en première ligne le 14, il est blessé le 17 d'un éclat d'obus à la tempe droite.

Avril 1916 : A l'hôpital italien du quai d'Orsay.

9 mai 1916 : Trépanation.

Octobre 1916 : Publication du *Poète assassiné.* Apollinaire, qui s'est remis lentement des suites de sa blessure, reparaît dans les milieux littéraires.

23 novembre 1916 : Dernière lettre à Madeleine, qu'il a délaissée depuis sa blessure.

1917 : Apollinaire voit les jeunes poètes se grouper autour de lui; Pierre Albert-Birot, Pierre Reverdy, Philippe Soupault, André Breton le considèrent comme le maître de la génération nouvelle.

18 mai 1917 : Première de *Parade;* le texte du programme est d'Apollinaire.

24 juin 1917 : Représentation des *Mamelles de Tirésias.*

Novembre 1917 : Publication de *Vitam impendere amori.*

26 novembre 1917 : Conférence sur *L'Esprit nouveau et les poètes* au Vieux-Colombier.

Avril 1918 : Publication de *Calligrammes.* En 1918 paraît aussi *Le Flâneur des deux rives.*

2 mai 1918 : Mariage de Guillaume Apollinaire et de Jacqueline Kolb, la « jolie rousse ».

9 novembre 1918 : Mort d'Apollinaire, atteint depuis quelques jours par la grippe espagnole. Il travaillait à la représentation de sa seconde pièce, *Couleur du temps,* qui aura lieu le 24 novembre, et à la mise au point d'un roman, *La Femme assise,* qui devait paraître en 1920.

TABLE

Il y a

Poèmes à Lou

DERNIÈRES PARUTIONS

Ce volume,
le quarante-quatrième
de la collection Poésie,
a été achevé d'imprimer par
l'imprimerie Bussière à Saint-Amand (Cher),
le 2 février 1994.
Dépôt légal : février 1994.
1er dépôt légal dans la collection : mai 1969.
Numéro d'imprimeur : 490.
ISBN 2-07-030009-9./Imprimé en France.

68064